칼 포퍼의 『열린사회와 그 적들』 읽기

세창명저산책_028

칼 포퍼의 『열린사회와 그 적들』 읽기

초판 1쇄 발행 2014년 12월 5일
초판 4쇄 발행 2024년 7월 25일

–

지은이 이한구
펴낸이 이방원
기획위원 원당희
책임편집 정조연   **책임디자인** 손경화
마케팅 최성수·김 준   **경영지원** 이병은

–

펴낸곳 세창미디어

신고번호 제312-2013-000002호 **주소** 03735 서울시 서대문구 경기대로 88 냉천빌딩 4층
전화 723-8660 **팩스** 720-4579 **이메일** edit@sechangpub.co.kr **홈페이지** http://www.sechangpub.co.kr
블로그 blog.naver.com/scpc1992 **페이스북** fb.me/Sechangofficial **인스타그램** @sechang_official

–

ISBN 978-89-5586-217-1   03160

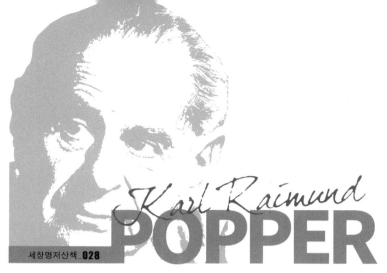

세창명저산책_028

Karl Raimund
POPPER

이한구 지음

칼 포퍼의 『열린사회와 그 적들』 읽기

세창미디어
MEDIA

머리말

   이 책은 『열린사회와 그 적들 1, 2』의 내용을 간략하게 설명한 해설판이다. 이 책의 원본은 칼 포퍼Karl Popper의 *Open Society and Its Enemies 1, 2*(1945년 Routledge출판사에서 초판이 나왔고, 그 후 1950년에 재판이 나왔다)이다. 우리말 번역본 『열린사회와 그 적들 1, 2』는 1983년 민음사에서 출간되었는데, 1권은 이한구, 2권은 이명현 교수가 번역했다. 이 책은 그 후 판을 거듭하며 30년 넘게 애독되고 있다.

   이 해설판은 번역본을 기초로 한 것이기에 인용의 쪽수는 번역본의 쪽수다. 그렇지만, 몇몇 용어는 새롭게 번역했다. 예컨대, historicism은 번역본에서는 그냥 '역사주의'라고 번역했지만, 여기서는 '역사법칙주의'라고 하고, 전통적인 역사주의인 historism은 '역사개성주의'라 했다. 이런 수정에 대한 자세한 사항은 이한구의 『역사주의와 반역사주의』(철학과 현실사, 2010)를 참고하기 바란다.

2014년 11월
우면서재에서 이한구

| CONTENTS |

열린사회와 그 적들에 대한
전체적 개괄

I

우리가 인간다운 삶을 영위할 수 있는 바람직한 사회는
어떤 형태라야 할 것인가? 만약 우리가 살고 있는 현재의
사회가 바람직하지 않다면, 바람직한 사회를 창조하기 위
한 최선의 방책은 무엇일까? 이런 물음에 대해 『열린사회
와 그 적들』은 우리 모두의 인간적인 삶을 보장해 주는 사
회는 열린사회뿐이며, 점진적 사회공학에 의해서만 그런
사회를 실현할 수 있다는 대답을 엄밀한 논증에 기초하여
제시하고 있다.

칼 포퍼Karl R. Popper의 『열린사회와 그 적들』이 1945년 출판되었을 때, 많은 평론가들은 전체주의에 대한 이론적 비판에서 이 책을 능가할 저서는 그때까지 없다고 평가했다. 이러한 평가는 지금까지도 여전히 타당한 것으로 보인다. 그 후 이 책이 세계 각국어로 번역되고, 그가 주장한 열린 사회의 이념이 광범위하게 논의되면서, 칼 포퍼는 자유세계의 이념을 대표하는 일급의 사상가로 등장하게 되었다.

이 책이 갖는 호소력은 이 책의 저술 배경이나 동기와도 관련이 있다. 이 책은 나치즘과 마르크시즘이라는 전체주의 광풍이 전 유럽을 휩쓸던 암울한 1930년대에 이 미친 바람의 정체를 밝히고자 하는 의도로 구상된 것이다. 포퍼는 1938년 봄 히틀러의 나치가 조국 오스트리아를 침공했다는 소식을 듣던 날 이 책을 쓰겠다는 결심을 했다고 한다. 그때 그는 나치즘의 박해를 피해 뉴질랜드로 망명하여 캔터베리대학에서 강의를 하고 있었다. 그곳에서 그는 전투에 임하는 자세로 이 책의 집필에 몰두한 것으로 알려졌다. 집필은 전쟁이 거의 끝날 무렵까지 계속되었다.

그렇다 하더라도 이 책은 물론 전쟁을 주제로 다룬 것은 아니다. 전쟁이나 다른 어떤 현대적 사건도 이 책에는 분명히 언급되어 있지 않다. 그러나 이 책은 이런 불행한 사건들과 그 배경을 좀 더 근원적으로 이해하고자 하는 시도였고, 언제 다시 살아날지 모르는 전체주의의 깊은 뿌리를 인류 역사의 전 과정을 통해 철저히 파헤치고자 한 연구였다. 우리는 이 책 속에서 전체주의에 쫓기며 박해받던 저자 자신의 인간적 고통과 분노를, 그리고 양심의 고백을 느낄 수 있다. 이 책이 이성과 양심을 옹호하려는 인도주의자들에게 특히 강한 매력을 주는 것은 이런 이유 때문이다.

칼 포퍼는 1902년 오스트리아의 빈에서 유대인의 아들로 태어났다. 빈대학에서 법학박사 학위를 받고 변호사 업을 하고 있던 아버지의 영향으로 그는 어린 시절부터 완전히 지적인 분위기 속에서 성장했다. 그의 아버지는 변호사라기보다는 오히려 학자에 가까웠다. 특히 철학과 사회문제에 관심이 깊었던 아버지의 서재에는 플라톤에서 현대 철학자에 이르기까지 수많은 철학서가 갖춰져 있었다. 그는 이런 저서들을 탐독하며 어린 시절을 보냈다. 1919년에서 1928년에 걸쳐 빈대학에서 수학·물리학·철학 등을 전공

했고, 1928년 「사유 심리학의 방법론 문제」라는 논문으로 철학박사 학위를 취득했다.

그의 주요 관심사는 과학철학이었다. 1934년에 그는 그의 처녀작이자 과학철학분야에서 그의 존재를 확인시킨 『탐구의 논리』를 출간했다. 이 덕분에 1935년부터 1936년에 걸쳐 영국의 여러 대학에 초빙되어 강의하게 되었고, 1937년에는 뉴질랜드의 캔터베리 대학에 철학 강사로 초빙되었으며 얼마 뒤 철학 교수로 임명되었다. 2차 대전 후에는 영국으로 이주하여 런던경제대학 교수로서 논리학과 과학 방법론을 강의했으며 1969년 은퇴했다. 은퇴 후에도 1994년 타계할 때까지 활발한 강연과 저술 활동을 정력적으로 계속했다.

그는 과학철학자로서는 특이하다 할 만큼 사회적 문제나 정치적 문제에 민감했고, 이 방면에서도 커다란 업적을 남겼다. 그러므로 그는 현대의 사회철학에 있어서도 독특한 위치를 차지한다. 이것은 아마도 사회문제에 관심이 깊었던 그의 아버지의 영향과 1차 대전 말기부터 러시아·독일·오스트리아 등을 휩쓴 공산주의 혁명 및 이에 대항하는 파시즘의 등장 등으로 극히 혼란했던 상황 속에서 성장했기 때문인 것으로 추측된다.

II

포퍼는 1920년대와 30년대 초에 빈 학단이 주장하는 논리적 실증주의 철학과의 대결을 통해 우리가 오늘날 '비판적 합리주의'라 부르는 인식론과 과학철학을 발전시켰다. 이것은 현대 과학철학의 핵심적인 흐름을 형성하게 되었다. 또한 그는 그의 과학철학 사상을 사회철학과 정치철학의 영역에도 적용하여 많은 사람들을 공감시킨 진보적 자유주의의 철학을 형성하기에 이르렀다.

과학철학에 관한 그의 사상은 과학철학 3부작 『탐구의 논리Logik der Forschung』(1934)와 『추측과 논박Conjectures and Refutations』(1963) 및 『객관적 지식Obejective Knowledge: an Evolutionary Approach』(1972) 속에 명료하게 나타나 있다. 그의 핵심적 이론은 반증가능성의 원리Principle of Falsifiability다. 이 원리는 논리 실증주의자들이 주장한 검증가능성의 원리와 비슷해 보이지만, 내용상으로는 완전히 다른 것이다. 검증가능성의 원리는 문장의 유의미성 여부를 따지는 의미의 기준으로 제시된 것인 데 반해, 반증가능성의 원리는 의미의 기준이 아니라 과학과 과학이 아닌 것을 구별하는 구획의 기준이다. 이 원리는 간단히 말해 경험과학의 이론은 경험에 의해서 반박하는 것이 가능하지 않으면 안 된다는 이론으로 규정될 수 있다. 즉 한 이론이 과학적 자격을 얻기 위해서는 그 이론과 상충되는 관찰을 생각할 수 있고, 그것을 경험에 의해서 반증할 수 있도록 제시해야 한다는 것이다.

반증의 방법은 다음과 같이 진행된다. 우리는 먼저 해결해야 할 문제에 부딪힌다. 이때 잠정적인 해결로서 가설이 제시되고, 이것이 비판된다. 만약 시도된 해결이 관련된 비판을 수용하지 못한다면, 그것은 비과학적인 것으로 배제된다. 시도된 해결이 비판에 열려 있다면, 우리는 그것에 대한 반박을 시도한다. 모든 비판은 반박의 시도로서 구성되어 있기 때문이다. 만약 시도된 해결이 우리의 비판에 의해 반박된다면, 우리는 다른 해결을 시도한다. 그렇지 않고 그것이 반박을 견뎌낸다면, 우리는 그것을 잠정적으로 용인한다.

잠정적인 용인은 최종적인 수용이 아니다. 우리가 어떤 이론을 용인한다는 것은 그것을 최종적인 해결로서 생각해서가 아니라, 더욱 비판하고 논의할 가치가 있는 것으로 생각하기 때문이다. 그러므로 과학은 추측에 의해서 우리의 문제를 해결하려는 시도이며, 동시에 이 시도는 냉혹한 비판의 관문을 통과해야 한다. 우리는 어떠한 경우에도 절대적 진리에 도달할 수는 없다. 비판적 논의에 의해 보다 가까이 접근해 갈 뿐이다. 그렇다고 포퍼가 토마스 쿤Thomas Kuhn 같은 상대주의자는 아니다. 그는 객관적 진리란 과학이 추구해야 할 유일한 목적이라고 주장하기 때문이다. 그는 다음과 같이 말한다. "나는 알지 못한다. 나는 단지 추측할 뿐이다. 그러나 나는 나의 추측을 비판적으로 검토할 수 있다. 그 추측이 엄격한 비판을 잘 견뎌 낸다면, 이것은 그 추측을 지지할 충분히 합리적인 이유가 될 수 있다." 이런 관점에서 보면, 모든 현실을 절대적으로 확실하게 설명할 수 있다고 주장하는 마르크스의 역사이론이나 프로이트의 정신분석학은 실제로는 과학이 아닌 원시적 신화요, 천문학보다는 점성술과 유사한 것이다. 왜냐하면 이들은 어떠한 경우에도 반박될 수 없기 때문이다. 반박불가능성, 반증불가능성은 이론의 장점이 아니라 이론의 치명적인 약점이 된다.

비판적 합리주의라는 명칭은 포퍼가 인식과 실천에서 이성의 역할을 강조하는 합리주의의 전통에 서면서도, 독단적 이성이 아닌 비판적 이성을 주장하는 데서 연유한다. 참된 앎은 경험이 아니라 이성에 기초해서 이루어진다는 입장이 전통적 합리주의인데, 합리주의는 이성이 파악한 근본진리와 그로부터 논리적으로 도출된 것만을 확실한 앎으로 인정한다. 데카르트, 스피노자, 라이프니츠 등의 합리주의자들이 수학을 확실한 앎의 모델로 삼은 것도 이런 이유 때문이다. 뿐만 아니라 이들은 일반적으로 이성의 무오류성을 주장한다. 즉, 우리는 이성에 의해 절대적으로 확실한 앎에 도달할 수 있다는 것이다. 포퍼의 합리주의는 이런 의미의 전통적 합리주의가 아니다. 우선 그는 이성을 감각경험에 대립되는 좁은 의미가 아니라 경험까지도 포함하는 넓은 의미의 판단능력으로 규정하며, 감각경험과 개념적 사유능력으로서의 이성이 분리되어 기능하는 것은 아니라고 본다.

그의 철학은 이성의 오류가능성과 이를 수정하는 비판적 논의에서 출발한다. 『과학적 발견의 논리』, 『추측과 논박』 등에서 주장된 비판적 합리주의는 우리의 앎이 이성에 기초하고 있다는 것을 인정하면서도, 이성의 절대성과 무오류 대신 오류 가능한 이성을 주장하며, 동시에 비판과 논증에 의해 우리가 보다 나은 앎으로 접근해 갈 수 있음을 역설한다. 소크라테스의 지적 겸손과도 닮은 이런 태도가 바로 그의 비판적 합리주의이다.

이러한 태도는 그의 다음과 같은 주장 속에 잘 나타나 있다. "실수로부터 그리고 실수의 계속적인 교정에 의해 의식적으로 배우고자 하는 것이 내가 비판적 합리주의라고 부르는 태도의 원리이다." 우리는 이런 입장을 통상 가류주의 fallibismus라고도 부르는데, 이것은 인간의 이성이란 원래 오류를 범할 가능성을 갖고 있다는 것이다. 그러므로 이런 관점에서 보면 절대적으로 확실한 앎이란 존재할 수 없게 되며, 보다 나은 앎으로의 전진은 다른 사람의 이론이나 추측에 대한 비판을 통해서, 그리고 우리 자신의 이론이나 추측에 대한 자기비판을 통해서만 가능하다.

비판적 합리주의라는 말은 물론 포퍼의 사상에서 연유되었고, 그의 수많은 작품 속에서 비판적 합리주의의 이론이 추구되고 응용되었지만, 그는 자신이 완전히 새로운 방법을 발견했다고 주장하지는 않는다. 그는 비판적 합리주의라는 사상의 정초를 고대 그리스의 철학자 소크라테스에게로 돌렸다. 그리고 근대의 칸트에서 그 이념을 재발견한다. 우리가 절대적으로 확실한 지식을 얻고자 한다면, 우리는 불가피하게 독단적인 태도를 견지하지 않을 수 없게 될 것이다. 이러한 독단적 태도는 사회 정치적 영역에서 종종 독재적이고 반민주적인 생활양식을 초래한다. 왜냐하면 절대적 진리를 주장하는 정치이론이나 이데올로기는 대체로 소수 사람에 의한 진리의 독점을 허용하기 때문이다.

다음으로 비판적 합리주의는 우리의 모든 앎이란 합리적 비판을 필요로 한다고 주장한다. 이런 명제는 인간의 이성은 원래 오류를 범할 가능성을 갖고 있다는 첫 번째 명제와 관련해서 제시된 것으로서, 말하자면 우리가 독단에 호소해서가 아니라 비판적 시험과 논의에 의해서 우리들의 잘

못을 인식하고 그것을 개선시킬 수 있다는 것을 의미한다.

비판적 합리주의의 주장에 따르면, 우리가 합리적 논증의 도움으로 비판적으로 따져나간다면 진리로 점차 가까이 접근해 갈 수는 있다. 그러나 이때에도 절대적 확실성에 도달할 수는 없다. 그러므로 우리의 앎에 대한 비판과 자기비판의 준비가 비판적 합리주의에서는 삶의 방식으로서 요구된다. "적시에 오류를 교정하고자 하는 이 방법을 따르는 것은 지식을 획득하기 위한 규칙일 뿐 아니라, 바로 도덕적인 의무이다. 그것은 끊임없는 자기비판과 끊임없는 학습을 위한 의무이며, 우리의 태도와 판단과 이론을 끊임없이 조금씩 수정하기 위한 의무이다."

III

비판적 합리주의의 이론을 사회재구성의 원리에 적용한다면 어떤 사회가 정당화될 수 있을까. 이성의 오류가능성 때문에 그 사회는 먼저 어떤 형태의 독재든지 독재를 거부하는 사회가 될 것이다. 왜냐하면 모든 독재는 궁극적으로 절대적 진리를 소유하고 있다는 인식론적 독단으로부터 도출되기 때문이다. 또 그 사회는 비판을 허용할 뿐만 아니라 상호비판과 토론에 의해 오류를 교정하고자 하는 자유로운 사회가 될 것이다.

여기서 열린사회의 이념이 도출된다. 열린사회란 무엇인가? 열린사회는 비판을 수용하는 사회이며, 진리의 독점을 거부하는 사회이다. 여기서는 아무도 독단적인 권리를 행사하지 못한다. 비판받지 않아도 좋을 절대적 진리란 용인되지 않으며 그런 한에서 아무도 그 자신의 심판자일 수 없다. 열린사회는 또한 인간의 존엄성을 추구하는 사회이다. 그러므로 이 사회에서는 개인의 자유와 권리의 보장이 무엇보다 우선한다. 그렇지만 열린사회가 자유방임의 사회는 아니다. 자유방임의 사회는 자유의 역설에 의해 유지되기 어렵다. 말하자면 자유가 제한되지 않을 때 자유는 자멸하게 된다. 무제한한 자유는 강자가 약자를 위협하여 그의 자유를 강탈할 자유까지도 함축하기 때문이다. 여기서 자유의 제한과 국가 보호주의가 불가피하게 요청된다. 자유는 국가에 의해 보호되지 않는 한 유지될 수 없다. 그리고 국가에 의해 보호되는 그 정도만큼 자유는 동시에 제한된다. 포퍼는 국가 보호주의를 경제적 영역에도 적용해야 한다고 주장한다. 국가가 국민을 물리적 폭력으로부터 보호한다 할지라도, 경제적 힘의 오용으로부터 국민을 보호하지 못한다면, 국가는 국민의 자유를 실질적으로 보호할 수 없기 때문이다.

정치적 측면과 경제적 측면을 함께 말한다면, 열린사회는 정치적 자유와 경제적 평등을 최대한 조화시키고자 하는 사회라 할 수 있다. "오직 소수의 사람만이 정치를 이끌어갈 수 있다 해도 우리들 모두는 그것을 비판할 수 있다"는 주장은 정치적 자유주의의 단적인 표현이며, "국가는 강자가 휘두르는 경제적 힘의 오용으로부터 약자를 보호해야 한다"는 주장은 경제적 균형주의를 지향하고 있다.

더 나아가 이러한 주장은 경제적 간섭주의나 경제적 통제주의가 경제적 자유주의를 어느 정도 대체해야 한다는 것을 의미한다. 그러나 경제적 통제주의 역시 지나치게 추구하면 위험스러운 것이라 할 수 있다. 우리가 계획을 너무 많이 하면, 즉 우리가 국가에 너무 많은 권력을 부여하면 개인의 자유가 지나치게 통제되기 때문이다. 이것은 계획의 무의미를 의미한다. 따라서 비판적 합리주의에 의하면 자유의 역설만이 아니라 국가계획의 역설paradox of state planning까지도 고려하지 않으면 안 된다.

개인의 자유와 권리를 강조하는 한에서 '열린사회'는 개인주의에 기초한 사회라고 할 수 있다. 전체주의가 사회를 하나의 독자적인 유기체로 보는 데 반해, 개인주의는 사회를 자유로운 개인들의 집합으로 보는 입장이다. 즉, 사회란 개인을 넘어서는 어떤 신비적 존재가 아니라 개인들이 함께 모여 사는 공동체일 뿐이라는 것이다. 그러나 개인주의가 이기주의로 혼동되어서는 안 된다. 일상생활에서는 개인주의와 이기주의가 비슷한 의미로 사용되는 경우도 있지만, '열린사회'의 특성을 이루는 개인주의는 이기주의가 아니라 오히려 이타주의와 연관되어 있다. 왜냐하면 '열린사회'의 개인주의는 나 개인의 자유와 권리만이 아니라, 나 이외의 다른 사람의 자유와 권리까지도 함께 배려하기 때문이다. 진정한 개인주의는 모든 개인을 그 자체 목적으로서 취급할 뿐 다른 사람을 위한 단순한 수단이나 도구로 사용하지 않는다.

　이러한 점에서 열린사회는 전체적으로 서구의 전통적인 자유주의 사회를 보다 진보적인 관점에서 수정한 것이라 할 수 있다. 우리가 이렇게 개인의 자유와 권리를 보장하는 '열린사회'를 추구할 때, 우리는 역사의 능동적인 창조자로 등장한다. 이때 우리는 우리 자신이 역사의 주체자임을 주장한다. 그리고 스스로의 결단과 행위에 의해 역사가 진전되어 간다는 것을 확신한다.

IV

　그렇지만 인류 역사의 오랜 옛날부터 이러한 생각과는 반대되는 주장이 계속되어 왔다. 말하자면 인간이 자유로이 역사를 창조해 가는 것이 아니라, 인간보다는 위대한 어떤 존재의 뜻에 따라 역사가 진행되어 간다는 것이다.

　많은 사람들이 정치나 사회생활에 대한 깊은 이해는 인간 역사에 대한 고찰과 해석에 근거해야 된다고 믿고 있다. 말하자면 사회 과학자나 철학자는 일반인보다 높은 위치에서 사물을 개관해야 한다고들 한다. 이런 입장에서 어떤 사회과학자나 철학자는 개인을 인류 역사의 발전에서 별로 중요하지 않은 도구로 간주하며, 역사의 무대에서 정말로 중요한 배우들이란 위대한 민족이거나 그 민족의 위대한 지도자들이거나, 위대한 계급이나 위대한 이념이라고 생각한다. 이리하여 이들은 역사의 무대에서 공연되는 연극의 의미를 이해하기 위해, 역사의 법칙을 발견하려고 한다. 포퍼는 이런 형태의 사상적 기원을 선민사상에서 찾고 있다. 선민사상에 의하면 인류 역사의 배후에는 신이 의도한 어떤 계획이 숨겨져 있으며, 신은 그의 계획을 실현시킬 수 있는 도구 역할을 할 어떤 국민을 선택하였으며, 이 국민이 지상을 다스려 간다는 것이다.

선민사상은 그 후 종교적 영역을 떠나 새로운 형태로 변신되어 나타났다. 인류의 역사에는 인간의 힘으로는 변경시킬 수 없는 어떤 법칙이 지배하고 있다는 주장이 바로 그것이다. 물론 이런 역사법칙은 여러 가지 종류로 해석될 수 있다. 그것은 진보의 법칙일 수도 있고, 퇴보의 법칙일 수도 있다. 혹은 경제적 법칙일 수도 있고 생물학적인 법칙일 수도 있다. 그러나 역사법칙을 어떤 식으로 해석하든 역사를 지배하는 역사의 법칙을 승인하는 한에서, 우리가 운명과 필연의 그물 속에 존재한다는 결론이 항상 도출된다. 우리는 이런 역사의 결정론적 사상을 보통 역사법칙주의라고 부른다. 역사법칙주의는 전체 역사의 과정이 냉혹한 역사의 법칙에 의해 필연적으로 전개되어 간다는 것을 의미한다.

포퍼는 파시즘과 마르크시즘이라는 근대의 가장 중요한 두 역사철학이 모두 선민사상에까지 소급해 갈 수 있는 역사법칙주의에 기초해 있다고 본다. 다시 말해 현대의 가장 중요한 두 역사법칙주의, 즉 우파의 인종주의 내지는 파시즘의 역사법칙주의와 좌파의 마르크스적 역사법칙주의가 모두 이런 유신론적 역사법칙주의의 흐름을 계승하고 있다는 것이다. 그 차이점은 단지 선민을 선택된 인종이나 선택된 계급으로 대체했다는 것뿐이다. 말하자면 우파의 인종주의나 파시즘은 선민의 자리를 선택된 인종으로, 좌파인 마르크시즘은 선택된 계급으로 대체하여 역사의 발전을 설명하고자 한다. 인종주의의 경우, 역사발전의 법칙은 자연의 법칙과 같은 것으로 이해된다. 선택된 인간의 생물학적 피의 우수성이 역사발전의 과거·현재·미래를 설명하기 때문이다. 마르크시즘의 경우, 역사발전의 법칙은 경제적 법칙이 된다. 모든 역사는 경제적 패권을 위한 계급 간의 투쟁으로 해석되기 때문이다. 따라서 우파의 역사철학은 자연주의적 역사법칙주의로, 좌파의 역사철학은 경제적 역사법칙주의로 명명될 수 있다.

이 책은 현대의 전체주의를 그 뿌리에서부터 비판하고자 한다. 열린사회와 대립되는 닫힌사회가 전체주의의 사회이다. 포퍼는 전체의 미명 아래 수많은 개인을 제물로 요구한 정치적 전체주의가 얼마나 미신이며 허구인가를 폭로하고자 한다. 여기서 그가 택한 독특한 전략은 전체주의가 기초하고 있다고 판단되는 역사법칙주의를 공략함으로써 전체주의를 그 근저에서 붕괴시키는 것이다. 다시 말해, 이 책에서 그는 이러한 역사법칙주의의 정체가 하나의 허구적 신화라는 것을 폭로함으로써 전체주의를 근원적으로 비판하고 있다.

이 책은 두 권으로 되어 있고, 총 800쪽에 가까운 분량 중에 200쪽이 넘는 방대한 주석이 붙어 있다. 이것은 그가 이 문제를 철저하게 학문적인 근거 위에서 다루었다는 것을 의미한다. 그러나 일반 독자들은 주석을 참고하지 않고도 아무 불편 없이 이 책을 읽을 수 있다.

구체적으로 포퍼의 저서를 살펴보면, 1권은 플라톤의 철학을 비판적으로 고찰한 것이다. 그는 고대 세계에서의 역사법칙주의의 대변자가 플라톤이라고 생각했기 때문에, 플라톤의 철학을 아주 세밀하게 해부코자 한다. 플라톤의 원전을 읽기 위해 몇 년간 고대 그리스어의 연구에 몰두했을 정도였다. 『플라톤의 주문』이라는 1권의 부제가 암시하듯, 그는 플라톤이 완성한 전체주의나 유토피아주의가 —이것들은 역사법칙주의가 기초하고 있는 사상들인데— 얼마나 교묘하게 구축된 허구적 사상인가를 폭로한다.

이 책의 2권은 헤겔과 마르크스의 철학을 비판한 것이다. 그는 헤겔과 마르크스를 근대 세계의 대표적인 두 역사법칙주의자라고 생각했기 때문이다. 헤겔과 마르크스는 모두 인간의 역사란 역사의 법칙에 의해 진행된다고 주장했다. 헤겔에 의하면 역사는 그가 제시한 변증법적 법칙에 따라 세 단계를 거쳐 발전하며, 마르크스에 의하면 역사는 생산력과 생산관계의 경제적 모순에 의해 다섯 단계를 거쳐 발전한다. 그러므로 우리가 이 역사의 법칙을 파악하기만 한다면, 우리는 미래의 역사를 예언할 수 있게 된다.

이런 역사법칙주의를 비판하는 칼 포퍼의 입장은 간단하다. 그런 역사의 법칙이란 것들이 참된 과학적 법칙일 수 없다는 것이다. 그러므로 소위 역사의 법칙에 근거하여 역사가 어떻게 진행될 것인가를 예언하고자 하는 태도는 미신에 근거하여 미래를 점치는 점쟁이의 태도와 크게 다를 바가 없다는 것이다. 역사란 현재 살아 있는 사람들의 자유로운 행위에 의해서 이루어져 가는 것이며, 그런 한에서 아직 결정되지 않은 미래를 예언한다는 것은 불가능한 일이기 때문이다.

왜 이와 같은 역사법칙주의가 열린사회를 반대하는 적이 되는 것인가? 역사법칙주의와 열린사회가 양립할 수 없는 이유는 간단하다. 역사법칙주의는 존재하지도 않는 역사의 필연적 법칙이나 운명의 틀을 인간에게 뒤집어씌움으로써, 인간의 자유와 이성을 부정하기 때문이다. 이것은 열린사회가 추구하는 인간의 존엄성과 이성에 대한 반역을 의미한다. 이 책은 위대한 철학자일수록 큰 실수를 저지를 수 있음을 보여준 것이다. 말하자면 서양철학을 대표하는 세 사람의 철학자, 플라톤, 헤겔, 마르크스를 닫힌사회의 주창자들로 규정하고 이들의 오류를 분석하고 비판한다.

우리 시대에 끼친 포퍼의 영향력은 심대하다. 마르크시즘이나 파시즘이 기세등등하던 그때도 그의 비판은 그 어떤 비판보다도 무서운 비수였고 다소나마 강풍을 잠재운 진정제였다. 그는 살아서 자신의 주장이 옳았다는 것을 확인한 몇 안 되는 철학자 중 한 사람이다. 그렇지만 한편으로 그는 마르크스의 도덕적 주장에 대한 이해자였고, 지지자였다. 말하자면, 그가 비판한 것은 현실세계에 대한 잘못된 이론이었지, 마르크스의 휴머니즘적 도덕 철학이 아니었던 것이다. 마르크스와 마찬가지로 그는 평등과 자유에 대한 요청과 힘없는 약자를 도와야 한다는 도덕적 요청의 세계를 인간의 이성이 창조한 가장 위대한 세계로 보았다. 사회주의 붕괴와 함께 관련된 모든 것을 쓸어버리고자 하는 양극적 상황에서 사회주의에 대한 그의 절제된 비판은 시사하는 바가 크다.

V

포퍼가 말하는 열린사회는 점진적 사회공학과 한 쌍을 이룬다. 점진적 사회공학은 우리가 변화의 기제를 확실하게 아는 범위 안에서, 그리고 통제 가능한 범위 안에서 점진적으로 사회를 변혁시켜 나가자는 주장이다. 이와 대립적인 위치에 서는 것이 유토피아 사회공학이다. 이것은 완벽한 청사진을 기초로 하여 사회 전체를 한꺼번에 변혁시키고자 한다. 사회 전체에 대한 강조에서 유토피아주의는 전체주의와 동맹관계에 있다.

우선 역사법칙주의에 근거한 닫힌사회와 유토피아주의의 관계를 살펴보자. 유토피아주의는 역사법칙주의와 결합하여 전체주의를 뒷받침하는 이론 중의 하나이다. 이것은 우리가 먼저 이상국가에 대한 완벽한 청사진을 설계한 후, 이 설계도에 따라 사회전체를 변혁시키고자 하는 것이다. 이러한 유토피아주의와 역사법칙주의와의 결합은 완전한 이상국가의 이념이 역사가 추구해 가는 필연적인 목적이라고 생각할 때 이루어진다.

유토피아주의의 기본적인 특성은 비타협적인 급진주의이다. 이것은 사회악을 뿌리째 뽑아버려야 한다는 확신이며, 품위 있는 어떤 것을 실현하기 위해서는 불완전한 우리의 문명 전체를 없애버려야만 한다는 확신이다. 이런 극단적인 급진주의는 탐미주의와 연결되어 있다. 즉, 지금보다 상대적으로 좀 더 낫고 합리적인 세계를 추구하는 것이 아니라, 추함이 전혀 없는 세계, 낡은 쪼가리들이 이리저리 붙은 지저분한 의복이 아니라 완전한 새 옷, 참으로 아름다운 세계를 건설하고자 하는 욕망과 관련이 있다.

완전함을 세상에 실현하고자 하는 유토피아주의는 충분히 이해될 수 있는 태도이다. 사실상 우리들 대부분도 이런 완전을 향한 꿈 때문에 어느 정도 고통을 받고 있다. 그렇지만 이런 탐미적 열광은 이성에 의해 통제되지 않는다면 병적 흥분상태로 발전하기 쉬운 위험한 것이라는 사실을 우리는 기억해야 한다. 왜냐하면 이런 지나친 열광은 완전을 실현하기 위한 어떤 수단도 정당화할 것이기 때문이다.

즉, 유토피아주의자들은 이상을 실현한다는 미명하에 폭력을 긍정하게 되고 급기야는 폭력을 찬양하게 될 것이다. 그러나 폭력은 문제를 해결하기보다는 새로운 폭력을 불러옴으로써 사람들에게 더 큰 고통만을 안겨줄 것이다.

이 책은 이런 비타협적 급진주의 대신에 우리가 합리적으로 추진할 수 있는 점진적인 사회개혁의 방법을 제시한다. 그리고 '점진적 사회공학'이라고 불리는 이 방법만이 열린사회를 창조할 수 있는 유일한 길임을 주장한다.

점진적 사회공학은 먼저 인류의 역사가 추구해가는 어떤 목적이나 인류 역사 전체를 지배하는 어떤 법칙이 존재한다는 것을 인정하지 않는다. 그러므로 '점진적 사회공학자'는 역사적 힘이나 인간의 운명에 관해서는 어떠한 질문도 하지 않는다. 그 대신 그는 인간은 자기 운명의 주인이며, 우리가 지구의 표면을 변화시킬 수 있는 것과 같이, 우리는 우리의 목적에 따라 역사의 방향을 바꾸거나 그것에 영향을 미칠 수 있다고 생각한다. 그리고 그는 이런 목적이 역사에 의해 우리에게 부과되는 것이 아니라, 새로운 기계나 새로운 집을 만들어내는 것과 같이, 우리 자신에 의해 선택되고 만들어지는 것이라고 믿는다.

그뿐만 아니라 점진적 사회공학자는 모든 사회적 개혁의 기초를 철저히 과학에 두려고 한다. 우리가 과학적 이론과 기술에 의거하여 낡은 기계를 수리하고 개량하는 것과 마찬가지로 우리가 알고 있는 여러 사회학적 이론을 활용하여 낡은 제도를 수리하고 점진적으로 개선해 나가고자 한다.

비판적 합리주의의 철학은 윤리적 이념에서는 부정적 공리주의로 나타난다. 전통적 공리주의가 행복의 극대화를 주장하는 데 반해 부정적 공리주의는 고통의 극소화를 주장한다. 최대다수의 최대행복을 추구하는 공리주의의 원리는 전체주의적 독재를 위한 구실이 될 수도 있으며, 다수의 행복을 위해서 소수가 희생되지 않으면 안 되는 것으로 생각될 수도 있다. 열린사회는 이런 원리를 허용할 수 없다. 열린사회는 다수의 행복을 위해서 소수의 고통을 요구하지 않으며, 또한 소수의 행복을 위해서 다수의 고통을 요구하지 않는 사회이다. 누구든지 사회적으로 희생되어야 한다고 전제하는 것은 열린사회의 기본전제인 개인의 불가침성을 부정하는 것이다.

이런 원리에 의하면 사회정책의 방향은 행복한 사람을 더욱 행복하게 하는 것이 아니라 불행한 자들의 고통을 치료하는 데로 향해야 한다. 같은 논리로 우리는 실현하기 어려운 먼 미래의 고매한 이상을 실현하기 위해 노력하기보다는 지금 당장 우리 눈앞에 존재하는 불행과 악의 제거부터 추진해 가야 한다. '최선의 추구 대신에 최악의 제거를 위해서 노력하라' 이 말은 포퍼가 강조해 마지않았던 사회철학의 명제였다. 그러므로 혁명을 거부하고 점진적 개혁을 주장했다고 해서 그를 보수주의자로 규정하는 것은 재고되어야 할 것이다. 그가 최선의 이상을 추구하는 혁명적 유토피아주의를 거부했던 이유는 독단과 열광에 수반될 폭력과 파괴의 부작용을 염려해서였다. 그는 이성의 독단을 가장 경계했고, 이성에 의해 통제되지 않는 열광을 지극히 위험시했다.

『열린사회와 그 적들』에서 가장 강렬하게 눈에 띄는 것은 인도주의의 정신이다. 특히 개인의 자유와 권리를 보호하는 것이 국가의 중심적 기능이라고 주장한 점에서, 그리고 악과 불의에 의한 인간 고통의 구제를 공공정책의 최대의 과제로 삼아야 한다고 주장한 점에서, 자유와 평등을 기초로 한 인도주의적 정신은 유감없이 드러난다. 또한 역사 전체의 진행방향이 필연적으로 결정되어 있다는 역사의 결정론을 거부하고, 역사란 이성적 존재자인 우리들 개개인의 선택과 결단에 따라 창조되어 간다고 한 점에서, 관용과 상호비판에 기초하여 보다 자유롭고 인간적인 사회를 만들 수 있다고 줄기차게 주장한 점에서, 포퍼는 우리 시대의 가장 대표적인 합리주의자였다.

이 책은 그를 단순한 과학 철학자가 아니라 세계적인 사상가로 만들었다. 그뿐만 아니라 아직까지도 전체주의에 대한 가장 탁월한 비판서로 평가되고 있다. 이런 평가가 이 책의 가치를 대변하고 있다. 열린사회와 점진적 사회공학의 이론은 유럽 여러 나라의 진보적 자유주의 정당의 정강 정책으로 채택되어 현실에 심대한 영향력을 행사해 왔다.

전체주의의 닫힌사회는 열린사회의 신념이 약화될 때는 언제나 다양한 모습으로 불사조처럼 부활할 가능성이 높다. 최근의 포퓰리즘이 그 대표적인 실례이다. 이 책이 계속 의미를 갖는 것은 인류의 문명사에서 이성에 대한 반역과 옷을 갈아입은 전체주의와의 대결이 아직 끝나지 않았기 때문이다.

제1부
열린사회와 그 적들 I

서 론

칼 포퍼는 서론에서 이 책의 목적을 크게 두 가지로 밝힌다. 하나가 우리의 문명이 직면한 몇 가지 문제를 제기하려는 것이고, 다른 하나는 열린사회의 여러 문제에 대한 비판적이고 합리적인 과학적 방법의 적용을 검토하는 것이다.

이 책은 우리의 문명, 즉 인간다움과 합리성, 평등과 자유를 목표로 한다고 기술될 수 있는 문명, 사실은 아직 유아기 상태에 있지만 인류의 수많은 지적 지도자들에 의해 그렇게도 자주 버림받아 왔음에도 불구하고 계속 성장하고 있는 문명이 직면한 몇 가지 어려움을 묘사하고 있다. 이 책은 우리의 문명이 탄생의 충격으로부터, 즉 마술적인 위력에 순종하는 부족적인 사회나 '닫힌사회'에서, 인간의 비판력을 자유롭게 허용하는 '열린사회'로의 이행의 충격에서부터 아직은 완전히 회복되지 못했음을 보이고자 한다. 이 책은 이런 이행의 충격이 문명을 전복시켜 부족주의로 되돌아가고자 애써왔고 그리고 지금도 여전히 그러고자 애쓰고 있는 여러 반동적 운동을 야기할 수 있었던 한 요인이라는 것을 보여주고자 한다. 그리고 이 책은 요즘 우리가 전체주의라 부르는 이념이 바로 우리의 문명 자체만큼 오래되었다고 할 수도 있고, 혹은 새롭다고 할 수도 있는 어떤 전통에 속한다는 것을 제시하고자 한다.

이 책은 포퍼가 '유토피아적 사회공학'에 반대되는 의미로서 '점진적 사회공학'이라 부른 민주적인 사회 재구성의 원리들을 분석하며, 사회적 재구성의 문제에 대한 합리적 접근을 방해하는 몇몇 장애물들을 제거하고자 한다. 동시에 이러한 목표를 사회의 민주적 개혁이 불가능하다는 널리 퍼진 편견에 대해 책임져야 할 사회철학들을 비판함으로써 달성하려고 한다. 이러한 철학 중에서도 가장 강력한 것이 역사법칙주의라 불리는 철학이다. 몇몇 중요한 역사법칙주의의 발생과 영향에 대한 이야기가 이 책의 주된 논제의 하나이다. 그러므로 이 책은 어떤 역사법칙주의 철학들의 발전에 관한 방주傍註의 집합이라고도 할 수 있을 것이다.

기원과 운명의 신화

제1장 역사법칙주의와 운명의 신화

많은 사람들이 정치 및 사회생활에 대한 깊은 이해는 인간 역사에 대한 고찰과 해석에 근거해야 한다고 믿고 있다. 말하자면 사회과학자나 철학자는 일반인보다는 높은 위치에서 사물을 개관해야 한다고들 한다. 이러한 입장에서는 사회과학자나 철학자는 개인을 인류 역사의 발전에서 별로 중요하지 않은 도구로 간주하며, 역사의 무대에서 정말로 중요한 배우들이란 위대한 민족이거나 그 민족의 위대한 지도자이거나, 위대한 계급이나 위대한 이념이라고 생각한다. 이리하여 그들은 역사의 무대에서 공연되는 연극의 의미를 이해하기 위해, 역사의 법칙을 발견하려고 한다. 이런 태도를 그는 역사법칙주의라 부른다.

역사법칙주의의 핵심적 원리란, 역사는 특수한 역사적 법칙이나 진화적 법칙에 의해서 지배되며, 우리가 이 법칙을 발견한다면 우리는 인간의 운명을 예언할 수 있다는 것이다.

포퍼는 역사법칙주의의 가장 오래되고 가장 단순한 형태로서 선민사상을 든다. 이 사상은 유신론적 해석, 즉 신을 역사의 무대에서 공연되는 연극의 작가로 해석함으로써 역사를 이해하려는 시도이다. 이런 사상에서는 역사적 발전의 법칙이 신의 의지에 의해서 세워진다. 이것이 유신론적 역사법칙주의와 다른 형태의 역사법칙주의를 구별 짓는 차이점이다. 자연주의적 역사법칙주의는 역사발전의 법칙을 자연의 법칙으로 취급하며, 정신적 역사법칙주의는 역사발전의 법칙을 정신적 발전의 법칙으로 취급하고, 경제적 역사법칙주의는 다시 경제적 발전의 법칙으로 취급한다. 즉 역사발전의 법칙을 무엇으로 보느냐에 따라 여러 종류의 역사법칙주의가 분류될 수 있다.

선민사상이 사회생활의 부족적인 형태에서 성장해 나왔다는 것은 의심의 여지가 없다. 부족이 존재하지 않는다면 개인은 아무것도 아니라는, 부족의 절대적 중요성에 대한 강조라고 할 수 있는 부족주의는, 많은 형태의 역사법칙주의 이론에서 발견되는 한 요소이다. 이제는 부족주의라고 할 수 없는 근대적 역사법칙주의도 여전히 집단주의의 요소를 유지하고 있다. 선민사상이 갖는 또 하나의 요소는 역사의 궁극적 결과에 대한 확신이다. 그러나 이 목적은 먼 미래에 놓여 있는 것이므로, 이런 역사의 목적이 어느 정도 단정적으로 설명된다 할지라도 우리가 그곳에 도달하기 위해서는 먼 길을 가야만 한다. 그리고 그 길은 멀 뿐만 아니라 구부러지고 상하좌우로 왔다 갔다 하는 길이다. 따라서 생각할 수 있는 모든 역사적 사건을 해석의 도식 아래 집어넣을 수가 있게 된다.

유신론적 역사법칙주의인 선민사상은 종교를 비판하기 위해서가 아니라 역사법칙주의의 한 예증으로 제시된 것이다. 그가 이 사상을 하나의 예증으로 삼은 이유는 이 사상의 중요 특성을 현대의 가장 중요한 두 역사법칙주의 이론인, 파시즘의 역사철학과 마르크스의 역사철학이 공유하고 있기 때문이다. 인종주의에서는 선택된 민족이 선택된 인종으로 대체되며, 마르크스의 역사철학에서는 선민이 선택된 계급으로 대체된다. 두 이론 모두 역사적 예측의 기초를 역사적 해석에 두고 있다.

제2장 헤라클레이토스

포퍼는 역사법칙주의의 원리를 보다 분명하게 도입한 최초의 그리스인은 헤시오도스라고 설명한다. 헤시오도스의 역사의식은 비관적이다. 그는 인류가 황금기로부터 후퇴하여 육체적으로나 도덕적으로 몰락하고야 말도록 되어 있다고 믿었다. 초기 그리스 철학자들에 의해 나타난 여러 역사법칙주의 사상은 플라톤에 와서 절정을 이룬다. 플라톤의 역사법칙주의는 특히 헤시오도스로부터 강한 영향을 받았으나, 가장 중요한 영향은 헤라클레이토스(기원전 540~480)로부터였다.

헤라클레이토스는 변화의 관념을 발견한 철학자였다. 그

당시까지만 해도 동양적 관념의 영향을 받았던 그리스 철학자들은 세계를 물질적인 것들이 재료가 된 하나의 안정되고 거대한 건축물로 보았다. 그것은 사물들의 전체, 즉 우주였다. 그들은 철학이나 물리학을 자연의 탐구, 즉 이 세계를 이루고 있는 원재료에 대한 탐구라고 보았다. 어떤 과정들에 대한 고찰이 있었다 해도, 과정들은 근본적으로는 정지 상태에 있는 것으로 보이는 구조의 내부에서 일어난다고 생각되었다. 오늘날 우리 대부분조차도 자연스럽게 보는 이 접근법은 천재 헤라클레이토스에 의해서 바뀌게 되었다.

그는 세계를 하나의 건축물이 아닌 하나의 거대한 과정으로, 사물things의 총계가 아닌 모든 사건이나 변화 및 모든 사실 facts의 전체로 보았다. 그의 철학의 좌우명은 "모든 것은 유전하며 그대로 정지해 있는 것은 아무것도 없다"였다(I.24).[1]

---

1   칼 포퍼, 『열린사회와 그 적들 I』, 이한구 옮김(민음사, 2006), 24쪽. (다음부터는 I은 1권을 나타내고 I 이후의 숫자는 쪽수를 나타낸다.)

헤라클레이토스의 발견은 그리스 철학의 발전에 장기간 영향을 미쳤다. 그 발견의 위대성은 가공할 만한 것으로 일컬어져 왔고, 그 영향은 모든 것이 흔들리는 지진의 영향과 비교되어 왔다. 자연뿐 아니라 윤리와 정치적 문제까지도 다룬 최초의 철학자 헤라클레이토스는 사회적 혁명의 시대에 살았다. 그리스의 귀족적 부족정치가 새로운 민주주의 세력에 몰려 물러나기 시작하던 시기였다. 헤라클레이토스 자신의 지위는 에페소스 왕실의 후예였지만 그는 그의 형을 위해 자신의 지위를 포기했다고 한다. 그러나 그는 새로운 혁명 세력의 조류가 밀려오는 것을 헛되이 막으려고 했던 귀족주의자들의 대의명분을 지지했다.

헤라클레이토스의 철학의 특성을 이루는 변화의 강조는 그로 하여금 액체든 고체든 기체든 모든 물질은 불꽃과 같은 것, 즉 그것들은 사물이라기보다는 과정이며, 그것들 모두는 불의 변형이라는 이론을 낳게 했다. 고체인 흙은 단지 변형의 상태에 있는 불일 뿐이며, 액체까지도 불이다. 이렇게 헤라클레이토스는 모든 사물을 불꽃으로, 연소 같은 과정으로 환원하면서도 그 과정에서 하나의 법칙, 하나의 적도適度, 하나의 이성, 하나의 지혜를 깨닫는다. 이런 철학으로부터 역사법칙주의적 특성을 드러내는 이론이 나타난다. 전형적인 역사법칙주의자로서 그는 역사의 심판을 도덕적 심판으로 받아들였다.

마지막 단편에 나타나 있는 가치의 상대주의에도 불구하고, 그는 근대적인 어떤 관념들과 매우 유사한 명성과 운명과 위인의 우월성을 강조하는 부족주의적이고 낭만적인 윤리를 전개했다. 전체적으로 포퍼는 헤라클레이토스의 철학을 고대 부족사회의 붕괴에 대한 무상의 감정을 표현한 것으로 규정한다.

제3장 플라톤의 형상 이론

플라톤은 헤라클레이토스가 겪었던 것보다 더 불안정한 정치적 투쟁과 전쟁의 시대 속에서 자랐다. 그가 성장하는 동안 고국 아테네에서의 그리스인의 부족생활은 붕괴되어 참주정치 시대로 되었으며, 나중에는 민주주의가 수립된다. 플라톤의 부계는 아티카의 마지막 부족 왕인 코드로스의 후손이었고, 모계는 아테네의 입법가인 솔론의 혈통이었다. 이런 가문의 전통으로 플라톤은 처음부터 정치활동을 열망하였지만, 젊은 날의 골치 아픈 경험으로 정치활동을 단념하게 되었다고 한다. 그러나 그는 일생 동안 정치에 깊은 관심을 가졌으며, 계속 관여했다.

포퍼는 플라톤이 그의 선배 역사법칙주의자들이 했던 것과 똑같이, 역사적 발전의 법칙을 세움으로써 그의 사회적 경험을 종합했다고 본다. 이 법칙에 의하면 모든 사회적 변화는 타락이나 부패 또는 퇴보였다. 이 기본적인 역사적 법칙은 우주적인 법칙의 일부분이다. 헤라클레이토스와 같이 플라톤은 역사에서 작용하는 힘을 우주적인 힘이라고 보았다.

플라톤과 헤라클레이토스 사이에는 유사성이 대단히 많지만, 헤라클레이토스와는 반대로 플라톤은 역사적 운명의 법칙, 부패의 법칙은 인간의 도덕적 의지로 깨뜨릴 수 있다고 믿었다. 그는 확실히 부패로 치닫는 일반적인 역사적 경향과 모든 정치적 변화를 억제시킴으로써 정치면에서의 더 심한 부패를 방지할 수 있다고 믿었던 것 같다. 따라서 그는 변화하지 않고 파멸하지 않는 최선의 완전국가를 건설함으로써 부패와 악이 없는 사회를 이루고자 했다. 인간은 운명의 철칙을 깨뜨릴 수 있고, 모든 변화를 억제시킴으로써 쇠퇴를 피할 수 있다는 플라톤의 신념은 그의 역사법칙주의적 경향에 어떤 한계가 있음을 드러낸다. 강경하고 완벽한 역사법칙주의라면 역사적 운명의 법칙을 발견한 후에라도 인간의 노력에 의해서 그것을 바꿀 수 있다고 인정하는 데는 주저할 것이다. 인간의 모든 계획과 행위는 역사적 운명을 실현시키는 수단에 불과하므로, 인간은 역사적 운명의 법칙에 대항할 수 없다는 것이 옳을 것이다.

이 철저한 역사법칙주의적 태도를 좀 더 잘 이해하고, 운명을 바꿀 수 있다고 하는 플라톤의 신념 속에 내재되어 있는 상반되는 경향을 분석하기 위해, 포퍼는 플라톤에게서 찾아볼 수 있는 역사법칙주의를 역시 플라톤에게서 나타나는 정반대되는 접근법, 즉 사회공학적 태도라 할 수 있는 접근 방법과 대조해서 논의한다.

사회공학자는 역사적 경향이나 인간의 운명에 관해서는 어떤 질문도 하지 않는다. 그 대신 그는 인간은 자기 운명의 주인이며, 우리가 지구의 표면을 변화시킬 수 있는 것과 같이 우리는 우리들의 목적에 따라서 인간의 역사에 영향을 미치거나 그것을 바꾸어놓을 수도 있다고 믿는다. 역사법칙주의자는 사회제도를 주로 그 기원과 발전 및 현재와 미래에서의 의미와 같은 역사적 관점에서 다루고자 한다. 그는 아마 사회제도의 기원은 일정한 계획이나 설계 내지는 신적이거나 인간적인 일정한 목적을 추구하는 데에 있다고 주장할 것이다. 또 어쩌면 그는 사회제도는 분명하게 짜인 어떤 목적을 위해서 설계된 것이 아니라, 오히려 어떤 본능이나 열정을 직접적으로 표시한 것이라고 단언하거나 또는 한때 일정한 목적을 위한 수단으로 쓰이다가 후에는 그런 특성을 상실한 것이라고 단언할 것이다.

역사법칙주의와 사회공학이라는 두 가지 태도는 간혹 전형적으로 결합되기도 한다. 그 예로 가장 오래되고 또 아마 가장 영향력 있는 것이 플라톤의 사회철학과 정치철학일 것이다. 말하자면 그것은 전경에 상당히 두드러진 기술적인 요소를 놓고 배경에 전통적인 역사법칙주의적 특질들을 정교하게 펼쳐서 그것들을 결합시키는 것이다.

포퍼는 플라톤의 정치적 목적을 다음 세 가지로 구분한다.

첫째로 사회혁명과 역사적 부패로 나타나는 헤라클레이토스적 무상에서 벗어나는 것이 그의 목적이었다. 둘째로 그는 이 목적은, 아주 완벽하여 역사적 전개의 일반적 추세에 휩쓸리지 않는 국가를 건설함으로써 이루어진다고 믿었다. 셋째로 그는 그의 완전한 국가의 '모형이나 원형model or original'을 먼 옛날인 역사의 여명기에 존재했던 황금시기에서 찾을 수 있으리라고 믿었다(I.46).

세계가 시간의 흐름에 따라 부패해 간다면 더 먼 과거로 거슬러 올라가면 갈수록 보다 완전한 것을 찾을 수 있을 것이기 때문이다. 완전한 국가란 나중에 생기는 국가들의 선조나 시조 같은 것으로, 나중에 생기는 국가들은 이 완전하고 가장 훌륭한 이상적 국가의 퇴화된 후손인 것이다. 그리고 플라톤의 국가철학에서 타당했던 것은 그의 형상 이론이나 이데아 이론에까지 확대될 수 있다.

유전하는 것들, 몰락하고 부패하는 것들은 (국가와 마찬가지로) 말하자면 완전한 것들의 후손이며 자식들이다. 그리고 자식들과 같이 그들은 그 원시조를 본뜬 것이다. 유전하는 것의 아버지나 원형은 플라톤이 '형상'이라든가 '본' 또는 '이데아'라 부르는 것이다. 우리는 그 이름이야 어쨌든 형상 또는 이데아는 '우리 마음속의 관념'이 아니라는 것, 즉 그 것은 환상도 꿈도 아니며, 하나의 실재적인 것임을 알아야 한다. 플라톤적인 이데아는 사물의 원형이요 기원이다. 그 것은 사물의 이론적 근거이며 사물이 존재하는 이유, 즉 그 '덕분'에 사물이 존재하는 안정되고 지속적인 원리이다. 그 것은 사물의 덕이요, 이상이요, 완성인 것이다.

플라톤에 의하면 우리는 세 종류의 사물을 구별해야 한다. 첫째는 생성되는 사물이며, 둘째는 그 속에서 생성이 일어나는 사물이며, 셋째는 생성된 사물이 그 모습을 닮고 태어나는 모형이다. 그는 유전하는 경험의 세계를 혐오하고 경멸하였지만, 마음속으로는 그것에 가장 깊이 몰두하고 있었다. 그는 그 세계의 쇠퇴의 비밀을, 극심한 변화의 비밀을, 그리고 그 세계의 불행의 비밀을 벗겨보고자 했다. 그는 이 세계를 구원할 수단을 찾고 싶었다.

그러나 그가 갈망한 것은 확실한 근거가 없는 의견이 아니라 지식, 즉 변하지 않는 세계에 대한 순수한 이성적 지식이면서, 또한 동시에 이 변화하는 세계, 그리고 특히 기묘한 역사적 법칙에 따라 이루어지는 변화하는 사회와 정치적 변화를 탐구하는 데에도 쓰일 수 있는 지식이었다. 그는 감각적 사물에 대한 순수한 지식은 존재할 수 없으므로, 적어도 감각적 사물과 관계가 있고 감각적 사물에 적용할 수 있는 순수한 지식을 가져야 한다고 주장했다. 형상이나 이데아에 관한 지식은, 형상이 아버지와 나이 어린 자식 사이의 관계처럼 감각적 사물과 관련되어 있으므로, 이 요구를 충족시킨다. 형상은 감각사물을 설명할 수 있는 대표이며, 그렇기 때문에 유전의 세계와 관계된 중요한 문제들에 해답을 줄 수 있는 것이다.

포퍼가 분석한 바로는, 형상 이론은 플라톤 철학에서 적어도 세 가지 서로 다른 기능을 갖는다. 먼저 그것은 가장 중요한 방법론적 고안이다. 그것은 순수한 과학적 지식을 가능하게 하고, 변화하는 사회의 문제에 대한 탐구와 정치과학의 수립을 가능케 한다. 또한 그것은 매우 필요한 변화 이론과 쇠퇴 이론에, 그리고 특히 역사에 하나의 실마리를 제공해 준다. 다음으로 그것은 사회 영역에서 어떤 종류의 사회공학으로 향하는 길을 열어준다. 즉 그것은 국가의 형상이나 이데아를 아주 닮아서 도저히 쇠퇴할 수 없는 최선 국가의 설계를 제시하기 때문에, 사회변화를 저지하는 방안을 만들 수 있도록 한다. 두 번째 문제는 4장과 5장에서 다루어질 것이며, 세 번째 문제는 6장부터 9장까지에서 다루어질 것이다. 첫 번째 문제인 플라톤의 방법론은, 플라톤 이론의 역사에 대한 아리스토텔레스의 설명에 힘입어 이 장에서 간략하게 개괄하였다. 여기서 이러한 논의에 몇 가지 언급을 덧붙이고자 한다.

포퍼는 플라톤과 많은 그의 후계자들이 견지한 관점, 즉 사물의 숨겨진 실재나 본질인 사물의 진정한 본성을 발견하고 기술하는 것이 순수한 지식이나 '과학'의 과제라는 견해를 특징짓기 위해 방법론적 본질주의라는 명칭을 사용한다. 반면 방법론적 유명론은 사물의 실재가 무엇인지를 찾아내거나 그것의 진정한 본성을 정의하는 것을 목표로 삼는 대신에, 사물이 여러 상황에서 어떻게 움직이는가, 특히 그 행동에 어떤 규칙성이 있는가 하는 것을 기술하는 것을 목적으로 삼는다. 방법론적 유명론은 오늘날 자연과학에서는 상당히 일반적으로 받아들여지고 있다. 반면에 사회과학의 문제는 아직도 본질주의적 방법론에 의해 다루어지는 것이 대부분이다. 이것이 그들이 낙후된 주된 이유 중의 하나이다. 그러나 이런 상황을 간파한 많은 사람들은 그것을 다르게 판단한다. 그들은 방법에 있어서의 차이는 필요 불가결하며, 그것이 두 탐구 영역의 '본성' 사이에 존재하는 '본질적' 차이를 반영한다고 믿는다. 플라톤의 사회학과 그 분야에서의 그의 방법론적 본질주의의 적용에 대한 설명에 착수하기 전에, 포퍼는 플라톤을 다루면서 그의 역사법칙주의와 '최선국가' 이론에만 국한하고 있다는 점을 아주 명백하게 해두고자 한다.

역사법칙주의에 대한 포퍼의 입장은, 역사법칙주의는 쓸모없다는 확신에 의거한 솔직한 적대적인 태도이다. 그러므로 플라톤주의의 역사법칙주의적 특질들에 관한 그의 조사는 아주 비판적이다. 그는 플라톤의 철학에서 해롭다고 여겨지는 것을 파괴하는 데에 주력한다. 그가 분석하고 비판하고자 한 것은 바로 플라톤 정치철학의 전체주의적 경향이다.

플라톤의 기술 사회학

제4장 변화와 정지

포퍼는 플라톤을 최초의 사회과학자 중의 한 사람이었으며, 의심할 바 없이 지금까지 가장 영향력이 큰 사회과학자의 한 사람이었다고 본다. 플라톤의 사회이론은 사실에 대한 정밀한 관찰과 사변의 교묘한 배합이다. 그 형이상학적인 배경은 물론 형상의 이론, 보편적인 무상과 타락의 이론, 생성과 퇴화의 이론이다. 그러나 이처럼 관념론적인 바탕 위에서 플라톤은 당대의 사회적·정치적인 세력을 설명하고, 동시에 그리스 도시국가의 역사적인 발달을 주도한 경향들을 설명해 낼 수 있는, 지극히 현실적인 사회이론을 구성했던 것이다. 플라톤의 사회변화에 대한 이론의 사변적인 또는 형이상학적인 배경은 앞서 살핀 바와 같다. 그것은 불변하는 형상 또는 이데아의 세계이며, 공간과 시간 속에서 변화하는 사물의 세계는 그 소산이다.

이 이론은 더욱 자세히 전개될 수 있다. 어떤 구체적인 현실의 감각으로 알 수 있는 사물은 그 사물의 형상 또는 이데아와 가까이 닮으면 닮는 만큼 타락할 가능성이 적은 것이 분명하다. 형상 자체는 타락할 수 없는 것이기 때문이다. 플라톤은 영원한 불변성은 만물 가운데 가장 신성한 것에만 허용된 것이며, 육체는 이 서열에 들 수 없다고 말하고 있다. 감각으로 알 수 있는 사물이나 생성물, 예컨대 육체나 인간의 영혼 같은 것이 좋은 모사품인 경우에는 처음엔 아주 조금 변할 것이고, 가장 오래된 최초의 변화나 운동, 말하자면 영혼의 운동은 여전히 '신성하다.' 하지만 아무리 사소한 변화라도 모든 변화는 형상과의 유사성을 감소시킴으로써 감각적 사물을 달라지게 하고 결국은 덜 완전하게 만들고 만다. 이와 같이 해서 사물은 변화할수록 점점 더 변화하기 좋게, 점점 더 타락하기 쉽게 되는데, 그것은 아리스토텔레스가 말한 바와 같이 '부동성과 안정의 원칙'인 그 형상으로부터 점점 멀어지기 때문이다.

포퍼는 형상이나 이데아에 대한 플라톤의 이론이 변화하는 세계의 발전에서 특정한 경향을 함축한다고 주장한다. 이 이론은 세상 만물이 계속해서 타락하지 않을 수 없다는 법칙으로 인도된다. 이것은 보편적인 타락 증대의 엄밀한 법칙이라기보다는 차라리 타락 가능성 증대의 법칙이다. 그러나 플라톤의 사회학적 위대성은 사회부패의 법칙에 관한 일반적이고 추상적인 사변에 있는 것이 아니라, 오히려 풍부하고 치밀한 그의 관찰 내용과 놀랍도록 정확한 그의 사회학적 직관에 있다고 할 것이다. 예를 들면 플라톤의 사회의 원시적인 기원과 부족적인 가부장제에 대한 이론과 사회생활의 발달에 대해 전형적인 시기들을 개괄하려고 한 시도와, 정치적 생활과 역사발전의 경제적인 배경을 강조한 그의 사회 및 경제학적인 역사법칙주의 등에 그의 위대성이 있다.

『국가』에 따르면 원초적이면서도 동시에 국가의 형상이나 이데아에 가장 가까운 사회형태, 곧 최선의 국가는 가장 현명하고 가장 신성한 인간의 왕국이다. 이런 만큼 이상적인 도시국가는 너무도 완전에 가깝기 때문에 설마 변할 수 있으리라고는 생각조차 하기 어렵다. 그래도 변화는 생기기 마련이며, 플라톤에 따르면 사리사욕, 특히 물질적인 또는 경제적인 사욕으로 빚어지는 내면적인 투쟁, 곧 계급투쟁은 '사회변동'의 주요한 힘이다. 플라톤은 정치적 퇴화의 역사에서 가장 두드러진 네 가지 정치체제의 유형을 다음과 같이 기술한다.

완전한 국가 직후에, 영예와 명성을 추구하는 귀족들이 지배하는 "명예정치체제timarchy or timocracy"가 오고, 두 번째로 부유한 문벌이 지배하는 "과두정치체제oligarchy"가 오며, 방종을 뜻하는 자유가 지배하는 "민주정치체제democracy"가 다음으로 탄생하고, 마지막으로 국가의 네 번째이자 종말적 단계인 … "참주정치체제tyranny"가 나타난다(I.73).

이와 같이 플라톤은 역사를 사회타락의 역사로, 마치 어떤 질병의 역사인 것처럼 보고 있다. 그리고 그는 진화의 법칙에 의해 지배되는 역사적 시대의 체계를 수립코자 했다. 포퍼의 분석에 의하면, 이러한 시도는 루소가 재생시켰고, 콩트와 밀, 헤겔과 마르크스가 유행시켰는데, 역사시대에 관한 플라톤의 체계는 당시에 이용할 수 있었던 역사적 증거에 비추어 보면 현대 역사법칙주의자들의 어느 체계에도 뒤지지 않는 것이었다.

정치의 발달을 분석한 플라톤의 중요한 한 가지 목적은 모든 역사적인 변화의 추진력을 확인하려는 것이었다. 『법률』에서는 이러한 목표를 분명히 하면서 역사를 살피고 있다. 이러한 연구의 결과로 그가 발견한 것은 다음과 같은 사회학적인 법칙이다. 내면적인 불화, 즉 계급 사이에 경제적인 이해가 상반됨으로써 빚어지는 계급전쟁이 모든 정치적인 변혁의 추진력이라는 것이다. 그러나 이 근본 법칙에 대한 플라톤의 표현은 한 걸음 더 나아가고 있다. 그는 지배계급을 전복될 정도로 약화시킬 수 있는 것은 그 지배계급 자체의 내란뿐이라고 주장한다. 이 사회학적인 법칙은 불화의 가장 유력한 원인을 경제적인 이해로 보는 견해와 더불어, 플라톤의 역사를 푸는 실마리이다. 그것은 그가 정치적인 균형을 확보하는 데에, 다시 말하면 정치적인 변화를 억제하는 데에 필요한 조건들을 분석해 내는 실마리이기도 하다. 그는 이러한 조건들이 고대의 최선의, 또는 완전한 국가에서는 실현되었다고 가정하는 것이다.

플라톤은 그의 최선국가에서 세 계급, 즉 수호자들과, 그들의 무장한 보조원이나 군인, 노동계급을 구분하고 있다.

그러나 실제로는 무력을 갖고 있고 교육받은 지배자들의 군벌성분과, 무력도 교육도 없이 지배받는 짐승 같은 인간의 성분이 있을 따름이다. 왜냐하면 수호자라는 것은 별개의 성분이 아니라, 보조원의 서열에서 승격된 노련하고 현명한 군인일 뿐이기 때문이다. 플라톤이 노동계급에서는 비슷한 하위 구분을 하지 않은 채, 지배자 성분을 두 계급으로, 즉 수호자와 보조원으로 구분하는 것은, 대체로 그의 관심이 지배자에 국한되어 있기 때문이다. 플라톤의 최선국가에서 보조원과 지배계급의 양육이나 교육은 무기휴대와 마찬가지로 계급의 상징이며, 따라서 계급의 특권이다. 양육과 교육은 공허한 상징이 아니라 무기와 같은 지배계급의 도구로, 지배의 안정을 확보하는 데 필요한 것이다. 말하자면 강력한 정치적 무기로, 인간가축을 통솔하고 지배계급을 단합시키는 데 유용한 수단으로만 양육과 교육은 논의되는 것이다.

지배계급만이 정치적인 권력과 함께 온갖 특권을 향유하고 있으므로, 국가를 보전하는 문제는 오로지 지배계급의 내면적인 단합을 유지시키는 문제로 축소된다. 이 지배자들의 단합은 어떻게 유지되는가? 훈련과 심리적 영향으로, 그렇지 않으면 주로 불화를 초래할 수 있는 경제적 이해요인을 제거함으로써 유지된다. 말하자면 지배계급에 철저한 공산주의를 도입하는 것이다. 모든 재산은 공유재산인 만큼 처자식에 대해서도 공유권이 해당되어야 한다. 지배계급의 어느 누구도 자기 자녀나 자기 부모를 확인할 수 있어서는 안 된다. 가족은 파괴되거나, 또는 차라리 모든 군벌계급으로 확장되어야 한다. 그렇지 않을 경우 가족적인 애착심은 불화의 잠재요인이 될지도 모른다. 그러나 처자식의 공유제도로도 지배계급의 모든 경제적 위험을 막는 것은 불충분하다. 빈곤과 마찬가지로 풍요를 피하는 것이 중요하다. 큰 궁핍도 큰 부도 깃들 여지가 없는 공산주의적 조직만이 경제적인 이해를 최소화할 수 있고, 지배계급의 단합을 보장할 수 있는 것이다. 이와 같이 플라톤의 최선국가에서 지배자 성분의 공산주의는 그의 근본적이고 사회학적인 변화의 법칙으로부터 도출될 수 있으며, 최선국가의 근본적인 특성인 정치적 안정을 위한 필요조건이다. 그러나 그것은 중요한 조건이긴 하지만, 충분조건은 못 된다.

지배계급이 실질적인 일체감을 느끼도록 하기 위해서는 계급 내부의 유대와 마찬가지로 계급 외부로부터의 압력이 필요하다. 이런 압력을 확보할 수 있는 방법은 지배자와 피지배자의 간격을 강조하고 확대시키는 것이다. 피지배계급은 다른 인종이며, 아주 열등한 인종이라는 느낌이 짙으면 짙을수록 지배계급 내부의 일체감은 더 강화될 것이다.

지배계급의 기원과 양육 및 교육에 대한 플라톤의 견해를 이해하려면 우리는 우리의 분석에서 두 가지 주요한 초점을 간과해서는 안 된다고 포퍼는 강조한다. 무엇보다 먼저 우리가 명심해야 할 것은 플라톤이 재구성하고 있는 것이 과거의 국가라는 점이다. 둘째로 명심할 것은 플라톤이 그 국가를 재구성하는 관점은 국가 안정의 조건에 대한 것이며, 그는 안정의 보증을 오직 지배계급 내부에서, 특히 계급의 단합과 힘에서만 추구하고 있다는 점이다.

플라톤은 자신이 체험한 변화하는 사회를 이해하고 해석하려고 시도함으로써 역사법칙주의적 사회학을 아주 세밀하게 발전시켰다. 그는 현존하는 국가는 불변하는 형상이나 이데아의 복사품이라고 생각했다. 그는 이 국가의 형상이나 이데아를 재구성하고자 노력했고, 적어도 그것에 흡사하게 닮은 사회를 그리려고 노력했다. 그리고 그가 역사를 부패시키는 힘뿐만 아니라 추진시키는 힘까지도 있다고 보았던 계급투쟁에서 사회변화의 원인을 설명하는 아주 현실적인 역사법칙주의적 이론을 발전시켰다. 그러나 플라톤의 기술사회학에 대한 분석은 아직도 불완전하다. 그의 쇠퇴와 몰락의 이론과 그의 거의 모든 후기 이야기들은 적어도 우리가 아직 논의하지 않은 두 가지 특성을 갖고 있다. 그는 이런 쇠퇴하는 사회를 어떤 종류의 유기체로 보았고, 쇠퇴를 나이 먹는 것과 비슷한 과정으로 보았다. 그리고 도덕적 타락이 영혼의 몰락과 쇠퇴에 해당되듯이, 쇠퇴가 사회 몸체의 쇠퇴와 병행한다고 믿었다. 이 모든 것은 최초의 변화에 대한 플라톤의 이론에서 중요한 역할을 수행한다. 이 이론과 이데아론과의 연관은 다음 장에서 논의될 것이다.

제5장 자연과 관습

자연과 관습에 대한 포퍼의 접근은 자연적 법칙과 규범

적 법칙의 구별에서부터 시작한다. 자연적 법칙과 규범적 법칙의 구별은 사회과학의 탐구에서 매우 중요한 의미를 지닌다. 그러나 이것은, 오늘날까지도 우리들 뇌리 속에 분명하게 정립되지 않는다는 사실에서도 알 수 있듯이, 어렵고 파악하기 힘든 구별이다. 자연적 법칙은 실제로 자연에 적용할 수 있거나 적용할 수 없는 엄격하고 일정불변한 규칙성을 나타내고 있다. 자연의 법칙은 영구불변이며, 거기에는 아무런 예외도 없다. 만약 우리가 무언가 자연의 법칙에 어긋나는 일이 일어났다고 확신한다면 우리는 그 법칙에 예외가 있다든가 변화가 일어났다고 하지 않고, 오히려 우리의 가설이 반박되고 있다고 말해야 할 것이다. 규범적인 법칙은 현재 그것이 법적인 규정이든 도덕적 규율이든, 인간에 의해 강제적으로 집행될 수 있다. 또한 그것은 변경될 수도 있다. 그것은 좋고 나쁘다든가, 옳고 그르다든가, 또는 받아들일 수 있다든가 받아들일 수 없다는 식으로 기술될 수도 있다. 그것은 사실을 묘사하는 것이 아니라 우리 행위의 방향을 세우는 것이기 때문에, 단지 비유적 의미에서만 참 또는 거짓이라고 불릴 수 있다. 이 두 법칙은 이름만 같은 법칙일 뿐이지 공통되는 것은 거의 없다고 할 수 있다. 그러나 이러한 견해가 일반적으로 받아들여지는 것은 결코 아니다.

포퍼는 플라톤의 사회학을 이해하기 위해서는 자연적 법칙과 규범적 법칙의 구별이 어떻게 발전되었는지를 고려해 보는 것이 필요하다고 생각한다.

첫째로, 그 발전의 출발점과 마지막 단계로 보이는 것을 토론하고 난 후, 세 개의 중간 단계로 보이는 것을 토론한다. 출발점은 소박한 일원론으로 기술될 수 있다. 그것은 '닫힌사회'의 특성이라고 할 수 있는 것이다. 마지막 단계는 비판적 이원론이라 불리는 것으로, 열린사회의 특성이 된다. 중간 단계 중에서 가장 중요한 세 주장으로는 ① 생물학적 자연주의, ② 윤리적 또는 법률적 실증주의, ③ 심리학적 또는 정신적 자연주의를 들 수 있다.

포퍼가 소박한 일원론이라 부른 출발점은 자연적 법칙과 규범적 법칙의 구별이 아직 안 되고 있는 단계이다. 인간이 스스로를 환경에 적응하도록 배우는 방법은 불쾌한 경험에 의해서이다. 규범적 금기가 깨어지면 타인에 의해 강요된 제재와 자연적 환경에서 겪는 불쾌한 경험 간에 아무런 구별이 생기지 않는다. 이 단계에서 우리는 두 개의 가능성을 구별할 수 있을 것이다. 그 하나가 소박한 자연주의라 기술될 수 있는 것으로, 이 단계에서는 자연적 규칙이든 관습적 규칙이든, 규칙의 변경이란 전혀 불가능하게 느껴진다. 다른 하나는 소박한 관습주의라고 기술할 수 있는 단계, 즉 자연적 규칙성과 규범적 규칙성이 인간과 같은 신이나 악마의 결의의 표현으로서, 그리고 그러한 결의에 좌우되는 것으로서 경험되는 단계이다. 이런 식으로 생각하는 자들은 자연적인 법칙까지도 어떤 예외적인 조건하에서는 변경될 수 있으며, 마술적인 도움에 힘입어 때로는 인간이 그것에 영향을 미칠 수도 있고, 자연적 규칙도 규범적인 것처럼 강제에 의해 유지되는 것으로 여긴다는 것은 이해할 만하다. 이런 관점은 헤라클레이토스에 의해 잘 설명되고 있다. "태양은 그 표준 궤도를 벗어나지 않을 것이다. 그렇지 않으면 운명의 여신, 정의의 시녀가 태양을 징계할 것이다."

마술적 부족주의의 붕괴는 금기가 여러 부족 간에 서로 다르다는 것, 금기는 인간에 의해 부과되며 강요된다는 것,

그리고 만약 인간이 같은 인간에 의해 부과된 제재를 피할 수만 있다면 불쾌한 반발 없이 금기를 깨뜨릴 수도 있다는 인식과 밀접하게 관련되어 있다. 이런 인식은 법률이 인간 입법가들에 의해 수정되며 제정된다는 것을 깨달았을 때 촉진된다. 이런 경험이 결정이나 관습에 근거한 인간이 강요하는 규범적 법칙과, 인간의 힘을 넘어서는 자연적 규칙과의 차이를 깨닫게 만들었을 것이다. 이런 차이가 분명하게 의식되었을 때, 우리는 비판적 이원론 또는 비판적 관습주의의 단계에 이르렀다고 말할 수 있다. 그리스 철학의 발달에서 사실과 규범의 이런 이원론은 자연과 관습 간의 대립이라는 말로 나타난다. 비판적 이원론은 단순히 규범과 규범적 법칙이 인간에 의해서, 좀 더 자세히 말한다면 그것을 지키거나 수정하려는 결단이나 협약에 의해 제정될 수 있고 변화될 수 있다고 주장하며, 그러므로 그것에 대한 도덕적인 책임은 인간이 져야 한다고 주장한다. 규범은 우리 자신 이외에 어느 누구도, 자연이나 신도 그것에 대해 책임을 질 수 없다는 의미에서 인간이 만든 것이다.

포퍼는 사실로부터 윤리적 규범이나 결단을 이끌어 낼

수 없다고 보는 이원론에 동의한다. 예를 들면 노예제도를 반대하는 결단은 모든 인간은 자유롭고 평등하게 태어났으며, 쇠사슬에 묶여 태어난 자는 아무도 없다는 사실에 의거하지 않는다. 인종차별의 문제에도 적용해보자. 어떤 사회에서 현실적으로 인종차별이 이루어지고 있다 할지라도 우리는 그것을 인정할 수도 있고 부정할 수도 있고 무관심할 수도 있다. 이와 같이 만약 우리가 하나의 사실을 변경 가능한 것으로 생각할 때, 우리는 항상 이 사실에 대해 무수히 서로 다른 태도를 취할 수 있다. 즉 보다 구체적으로는 그 사실을 변경해 보려는 결심을 할 수도 있고, 또는 그런 어떤 시도에 저항해보겠다고 결심할 수도 있으며, 전혀 아무 태도도 취하지 않겠다는 결심을 할 수도 있다. 모든 도덕적 결단은 이런 식으로 이런저런 사실, 특히 사회생활의 어떤 사실에 관계하며, 사회생활의 모든 사실은 무수히 서로 다른 결단을 유발할 수 있다.

변경 가능하든 변경 불가능하든, 어떤 사실을 고려해서 우리는 여러 가지 결단, 즉 그것을 변경시키겠다든가 그것을 변경시키려는 자들로부터 보호하겠다든가, 간섭하지 않겠다든가 하는 결단을 택할 수 있다. 그러나 현존하는 자연의 법칙에 비추어 볼 때, 문제의 사실이 변경 불가능할 때, 그것을 변경시키겠다는 결단은 전혀 실현 가능성이 없는 것이다. 사실 그런 사실에 관계되는 결단은 어떠한 것도 요령부득이며 의미 없는 것이다. 그러므로 비판적 이원론은 결단이나 규범을 사실에 귀속시킨다는 것이 불가능하다는 것을 강조한다. 따라서 포퍼는 비판적 이원론을 사실과 결단의 이원론이라고 기술한다.

앞에서 지적되었듯이 소박한 일원론이나 마술적인 일원론에서 규범과 자연적 법칙을 분명하게 구별해내는 비판적 이원론까지의 발전에는 수많은 중간 단계들이 있다. 대부분의 이들 중간 단계는 규범이 관습적이거나 인위적이라면 전적으로 자의적일 것이라는 오해에서 발생한 것이다. 중간 단계의 모든 요소를 포함하고 있는 플라톤의 위치를 이해하기 위해서는, 이들 중간 단계 중에서 가장 중요한 세 주장에 대한 개괄이 필요하다.

우선 생물학적 자연주의는 도덕적 법칙과 국가의 법률은 자의적이라는 사실에도 불구하고, 그런 규범들을 이끌어

낼 수 있는 영구히 불변하는 어떤 자연의 법칙들이 존재한다는 이론이다. 식사 횟수와 먹는 음식의 종류와 같은 음식 습관은 관습의 자의성의 한 예라고 생물학적 자연주의자들은 주장할 수 있을 것이다. 이 이론은 평등주의를 옹호하기 위해서뿐만 아니라 강자 지배의 반평등주의를 옹호하는 데도 사용되어 왔다. 이 자연주의를 제창한 사람 중의 하나는 강자가 지배해야 한다는 이론을 지지하기 위해 자연주의를 이용했다. 그는 강자가 약자를 마음대로 취급하는 것이 자연에 기초한 타당한 법칙이라고 주장했다.

둘째로 윤리적 실증주의는 규범을 사실로부터 도출해야 한다는 데는 생물학적 자연주의와 일치하지만, 실증적으로 존재하는 규칙 외에는 어떠한 규범도 존재하지 않는다고 주장한다. 그러므로 여기서는 현존하는 규범만이 선의 표준으로 가능하게 된다. 이 이론의 어떤 형태에 의하면, 개인이 사회의 규범을 심판할 수 있다고 믿는다면 크나큰 오산이다. 오히려 개인이 심판될 법전을 제공하는 것이 사회이다. 역사적으로 윤리적 실증주의는 보통 보수적이었고 또는 권위주의적이기도 했다. 포퍼는 윤리적 실증주의의 논증이 함부로 단언된 규범의 자의성에 의존하고 있다고 본다. 그것은 우리 스스로가 발견할 수 있는 더 나은 규범은 존재하지 않으므로, 우리는 현존하는 규범을 믿어야 한다고 주장한다.

마지막으로 정신적 자연주의는 앞의 두 관점을 결합한 것으로, 인간의 진정한 자연적 본성으로부터 규범들을 도출해야 한다고 주장한다. 플라톤은 이 정신적 자연주의를 최초로 공식화한 사람으로, 그는 소크라테스의 영혼의 권리, 즉 정신이 육체보다 더욱 중요하다는 가르침에 영향을 입었다. 그러나 이것은 권력숭배뿐 아니라 인도주의적 태도와도 결합될 수 있으며, 어떠한 윤리적 결단과도 결합될 수 있다.

왜냐하면 우리는 예컨대 모든 인간이 이런 정신적 본성을 갖고 있는 것으로 결단 내릴 수도 있으며, 또는 헤라클레이토스처럼 많은 사람들이 '금수처럼 배를 채우고' 그런 고로 그들의 본성은 열등하며, 단지 두세 사람의 선량들만이 인간의 정신적 공동체가 될 자격이 있다고 주장할 수도 있기 때문이다.

이 중간 세 단계의 간략한 개괄을 돌아다보면, 비판적 이원론을 채택하는 데 방해가 되는 두 가지 주된 경향을 분간할 수 있을 것이다. 첫째는 일원론을 향하는 일반적 경향으로, 말하자면 규범을 사실에 일치시키려는 경향이다. 두 번째는 보다 깊은 이론으로 첫 번째의 배경이 될 수 있을 것이다. 그것은 우리의 윤리적 결단에 대한 책임이 전적으로 우리에게 있으며, 그 외 누구에게도, 신이나 자연, 사회, 역사에도 전가될 수 없다는 것을 스스로 인정하기를 두려워하는 데에 근거하고 있다. 이 모든 윤리적 이론은 우리의 부담을 짊어질 어떤 사람이나 또는 어쩌면 어떤 논증을 찾아내고자 시도한다.

플라톤은 영혼이 다른 사물에 앞서며, 그렇기 때문에 본래부터 존재한다고 가르쳤을 뿐 아니라, '자연'이란 말을 인간에게 적용했을 때는 정신적 능력이나 소질, 또는 자연적 재능이라는 말로도 자주 사용했다. 그러므로 우리는 인간의 '본성'은 그의 '영혼'과 거의 비슷하다고 말할 수 있다. 플라톤에 의하면, 사물의 본질은 그것의 기원이거나 또는 적어도 그것의 기원에 의해 결정된다. 그러므로 모든 과학의 방법은 사물의 기원에 대한 탐구일 것이다. 이 원칙이 사회과학과 정치과학에 적용될 때, 사회나 국가의 기원이 고찰되어야 한다는 요구가 나타난다. 그러므로 역사는 그 자체를 위해 연구되는 것이 아니라, 사회과학의 방법으로서 봉사하는 것이다. 이것이 역사법칙주의적 방법론이다.

플라톤이 개인의 영혼을 국가의 세 계급인 수호자, 전사, 노동자(헤라클레이토스가 말한 바와 같이 여전히 짐승처럼 자기 배만 채우기를 계속하는 자들)에 대응시켜, 이성, 기개, 동물적 본능의 세 부분으로 나눈 분석에서, 플라톤은 이 세 부분들이 마치 "별개의 사람들이고, 서로 싸우는 사람들"인 양, 서로 대립시키고 있다(I.134).

국가의 질병, 즉 그 통일성의 분열은 인간 영혼 내지는 인간 본성의 질병에 대응한다. 국가 쇠퇴의 모든 전형적 단계는 인간의 영혼, 인간의 본성, 인간 종족의 각 쇠퇴 단계에 대응함으로써 발생한다. 그리고 이런 도덕적 부패가 종족적 부패에 근거하는 것으로 해석되기 때문에, 플라톤의 자연주의에서 생물학적 요소는 결국 그의 역사법칙주의의 가장 핵심적인 부분을 차지한다. 왜냐하면 최초의 국가나 완전한 국가의 몰락의 역사는 인간종족의 생물학적 퇴화의 역사 외에는 아무것도 아니기 때문이다.

이러한 변화와 부패의 시작이라는 문제가 사회에 대한 플라톤의 역사법칙주의적 이론이 갖는 주된 난점 중의 하나라는 것은 앞 장에서 언급되었다. 그는 그의 역사법칙주의 이론을, 변화하는 가시적 세계는 단지 불변하는 보이지 않는 세계의 쇠퇴해 가는 복사품에 불과하다는 환상적인 철학적 원리에서 이끌어냈다. 그러나 역사법칙주의적 비관주의와 존재론적 낙관주의를 결합시키려는 이 순진한 시도는 면밀히 검토되었을 때, 난관에 부딪친다. 이 난관을 극복하기 위해 그는 사회가 그 구성원들의 인간적 본성에 의존한다는 이론과 함께 생물학적 자연주의를 채택했고, 이것은 신비주의와 미신에까지 이르러 생식에 관한 사이비 합리주의적 수학 이론에서 그 절정에 달했다.

우리는 이런 체계를 되돌아보면서 그 기초계획을 간략하게 살펴볼 수 있을 것이다. 위대한 건축가에 의해 설계된

이 기초계획은 플라톤 사상이 근본적인 형이상학적 이원론이라는 것을 보여준다. 포퍼는 이 모든 이원론적 철학은 이상사회에 대한 영상과 혐오스러운 현실사회 간의 대비, 안정된 사회와 혁명의 과정 중에 있는 사회와의 대비를 설명하고자 하는 절박한 염원에서 발생한 것이라고 믿는다.

플라톤의 정치강령

제6장 전체주의적 정의

플라톤의 정치강령은 다음 두 가지 공식 중의 하나로 표현될 수 있다. 하나는 모든 정치적 변화를 억제하라는 이상주의적 이론이고, 하나는 자연으로 돌아가라는 자연주의적 이론이다. 실제로 플라톤의 정치강령의 모든 요소는 이런 요구들로부터 나올 수 있다고 포퍼는 생각한다. 그리고 그들은 다시 역사법칙주의에 근거하고 있으며, 지배계급의 안정을 위한 그의 사회학적 원리들과 결합되지 않으면 안된다.

포퍼가 생각하는 플라톤의 정치강령의 요소들은 대략 다

음과 같은 것으로 요약될 수 있다. 첫째, 계급을 엄격히 구분한다. 둘째, 국가의 운명과 지배계급의 운명을 동일시한다. 셋째, 지배계급은 무기휴대나 교육을 받을 수 있는 권리에 있어서 독점권을 갖는다. 넷째, 지배계급의 모든 지적 행위에 대한 검열과 그들의 의견을 통일하기 위한 계속적인 선전이 있어야 한다. 다섯째, 국가는 자급자족적일 수 있어야 한다.

포퍼는 이러한 플라톤의 정치적 요구는 순전히 전체주의적이고 반인도주의적인 것이며, 이것은 역사법칙주의적 사회학에 근거하고 있다고 생각한다.

플라톤을 비평하는 사람들조차도 그의 정치원리는 전체주의와 어떤 유사성이 있음에도 불구하고 시민의 행복과 정의의 지배라는 목적들에 의해 현대적 전체주의와는 분명히 구별된다고 믿는다. 예를 들면 요드는 플라톤의 정치강령과 파시즘 사이의 유사성을 상세하게 논의하면서도, 플라톤의 최선국가에서는 '일반인이 그의 본성에 따라 행복을 성취하며' 또 이 국가는 절대적 선과 절대적 정의의 이념 위에서 건설되기 때문에 플라톤의 정치강령과 파시즘

사이에는 근본적인 차이점이 있다고 주장한다. 이런 논쟁에도 불구하고, 포퍼는 플라톤의 정치강령은 전체주의와 비교해서 도덕적으로 우월하기는커녕, 그것과 근본적으로 동일하다고 믿는다. 또한 그는 이런 견해에 대한 반론이 플라톤을 이상화하는 낡고 뿌리 깊은 편견에 근거한다고 생각한다. 포퍼는 플라톤이 선과 정의 및 언급된 다른 이념들에 관해 말한 모든 것을 고려해 보면, 플라톤의 정치적 요구는 순전히 전체주의적이고 반인도주의적인 그의 이론을 옹호하는 것이라고 주장한다.

플라톤의 정의의 개념은 위에서 분석했듯이 근본적으로 우리들의 일반적 관점과는 다르다는 것을 알 수 있다. 플라톤은 계급특권을 정의라 부르는 반면, 차라리 우리는 보통 그런 특권이 없는 것을 정의라 한다. 그러나 그 차이는 그보다 더 심하다. 우리는 정의를, 개인을 취급할 때의 어떤 종류의 평등을 의미하는 반면, 그는 개인들 사이의 관계로서가 아니라 계급 사이의 관계에 근거한 완전한 국가whole state의 한 성질로 간주한다. 만약 국가가 건강하고, 강하고, 통합되어 안정되어 있다면, 그 국가는 정의롭다(I.155).

사회정의에 관한 플라톤의 전체주의적 이념은 그리스적 인생관의 특성, 즉 로마인처럼 법률적이라기보다는 특히 형이상학적인 그리스 정신의 특성이라는 주장이 있다. 그러나 이 주장은 지지될 수 없다. 사실상 '정의'라는 말의 그리스적 용법은 우리 자신들의 개인주의적이고 평등주의적인 사용 방법과 놀랍게도 비슷하기 때문이다.

포퍼는 『국가』에서의 정의에 대한 전체주의적이고 반평등주의적인 해석은 하나의 혁신이었으며, 플라톤은 사람들이 일반적으로 생각하는 '정의'와는 전혀 반대의 의미에서 그의 전체주의적 계급통치를 '정의로운' 것으로 제시하고자 했다고 생각한다. 이러한 결론은 놀랄 만한 것이어서 무수한 질문을 야기한다. 일반적인 사용에서 정의가 평등을 의미했다면, 어째서 플라톤은 『국가』에서 정의란 불평등을 의미한다고 주장하였던가. 그가 국민들에게 전체주의 국가가 정의로운 국가임을 납득시켜, 그의 전체주의 국가를 선전하려 했다는 대답만이 그럴듯해 보인다.

포퍼는 먼저 플라톤이 알고 있던 평등주의 운동이란 그가 증오하던 모든 것을 대표하는 것이었으며,『국가』와 모든 후기의 저서에 나타난 자신의 이론은, 주로 그 새로운 평등주의와 인도주의의 강력한 도전에 대한 하나의 해답이었음을 분명하게 알아야 한다고 주장한다. 이것을 보여주기 위해, 포퍼는 인도주의 운동의 주된 원칙을 논하고, 그에 대응하는 플라톤의 전체주의적 원칙과 그것을 대조해 본다. (a) 평등주의의 원칙 자체, 즉 자연적 특권을 배제하고자 하는 제안, (b) 개인주의의 일반적 원칙, (c) 국가의 과업과 목적은 시민의 자유를 보호하기 위한 것이어야 한다는 원칙이 그것이다. 이 각각의 정치적 요구나 목적에 대응하는 플라톤의 완전히 대립되는 원칙은 (a′) 자연적 특권의 원칙, (b′) 전체주의나 집단주의의 일반적 원칙, (c′) 개인의 과업과 목적은 국가의 안정을 유지하고 강화하는 것이어야 한다는 원칙 등이다.

평등주의의 원리란 국가의 시민은 공평한 대접을 받아야 한다는 요구이다. 그것은 출생, 가족관계, 재산 등이 시민에 대해 법을 집행하는 자들에게 영향을 주어서는 안 된다는 요구이다. 그것은 비록 시민들이 그들이 신뢰하는 자들에게 어떤 특권을 수여할 수 있다 해도, 어떤 '자연적' 특권은 인정하지 않는 것이다. 플라톤의 정의의 원칙은 물론 이모든 것과는 전적으로 대립된다. 그는 자연적 지도자들의 자연적 특권을 요구했다. 플라톤은 평등주의의 원리 안에서는 자연주의가 하나의 약점임을 재빨리 간파하고 이 약점을 십분 이용했다. 사람들에게 그들이 평등하다고 말하는 것은 어떤 감상적 호소력을 갖는다. 그러나 이런 호소력은 그들이 다른 사람들보다 우월하고 또 다른 사람들은 그들보다 열등하다는 선전이 주는 호소력에 비하면 보잘것없는 것이다. 종합적으로 볼 때, 플라톤은 페리클레스 같은 사람이 지지했던 평등주의의 이론의 의미심장함을 결코 업신여긴 것은 아니었다. 그러나 『국가』에서 그는 그것을 전혀 취급하지도 않았다. 그는 평등주의를 공격하였으나, 정정당당하게 터놓고 공격한 것은 아니었다.

개인주의와 집단주의의 문제는 평등과 불평등의 문제와 밀접한 관련이 있다. 플라톤은 개인주의와 이기주의를 동일시했다. 그리고 그는 어느 누구보다도 개인주의를 극렬

하게 혐오했고, 이를 분쇄하기 위해 노력했다. 이런 혐오
는 플라톤 철학의 근본적인 이원론에 뿌리박고 있다. 정치
적 영역에서 개인이란 플라톤에게는 악 그 자체였다. 플라
톤은 자연적 지도자들의 자연적 특권을 요구했다. 플라톤
에 의하면 집단주의의 반대어는 이기주의뿐이다. 그는 단
순하게도 모든 이타주의를 집단주의와 동일시하고, 모든
개인주의를 이기주의와 동일시한다. 플라톤이 이기주의와
개인주의를 동일시한 것은 그가 개인주의를 공격하는 데뿐
만 아니라, 집단주의를 방어하는 데서도 강력한 무기가 되
었다. 집단주의를 방어할 때는 이타주의의 인도주의적 감
정에 호소할 수 있고, 개인주의를 공격할 때는 모든 개인주
의자를 그들 자신밖에는 모르는 자기본위적이라고 낙인찍
을 수도 있다. 요약하면, 극단적 집단주의로 말미암아 플라
톤은 우리가 보통 정의의 문제라 부르는 문제, 말하자면 개
인들의 상호 대립되는 요구들을 공평무사하게 평가하는 문
제에는 관심조차 두지 않았다. 또한 개인의 요구와 국가의
요구를 조정하는 데에도 관심을 갖지 않았다. 왜냐하면 개
인은 전적으로 열등하기 때문이다. 플라톤은 다음과 같이

말한다. "나는 전체 국가를 위한 최상의 것이 무엇인가 하는 관점에서 법률을 제정한다. 왜냐하면, 나는 정당하게 개인의 이익을 보다 낮은 가치 수준에 두기 때문이다."

플라톤은 단지 그러한 집단적 전체 자체에만 관심을 기울였다. 그에게 정의란 집단체의 건강, 통합, 안정 외에는 아무것도 아니었다.

이리하여 국가의 이익이라는 오직 한 가지의 도덕적 기준이 등장한다. 무엇이든지 국가의 이익을 신장시키는 것은 선량하고 덕 있고 정의로우나, 그것을 위협하는 것은 나쁘고 사악하고 불의이다. 이것은 집단주의나 정치적 공리주의의 법전이라 할 수 있다. 도덕성의 기준은 국가의 이익이다. 도덕은 다름 아닌 정치적 건강법이다. 말하자면 선이란 나의 집단이나 나의 부족, 혹은 나의 국가 이익 안에 존재한다는 것이다. 이것은 닫힌사회, 즉 집단이나 부족의 도덕이며, 개인적인 이기주의가 아니라 집단적인 이기주의이다.

전체적으로 포퍼는 다음과 같은 결론에 도달한다. 플라톤의 정의론은 그 시대의 평등주의적, 개인주의적, 보호주의적 경향을 극복하고 전체주의적 도덕이론을 전개함으로써 인종주의의 주장을 재확립하려는 의식적인 시도였다. 그러나 그는 평등주의를 논증으로써 논파하는 대신, 인도주의적 감정을 자연적으로 우월한 주인종족의 전체주의적 지배노선에 성공적으로 동원했다. 그의 주장에 의하면, 이러한 계급특권은 국가의 안정을 유지하는 데 필요한 것이었다. 그러므로 그 특권들이 정의의 본질을 이룬다. 궁극적으로 이러한 주장은 정의란 국가의 힘과 건강과 안정에 유용한 것이라는 논증에 근거를 두고 있다. 그 논증은 내 민족, 내 계급, 나의 당의 힘에 도움이 되는 것이라면 무엇이든 옳다는 현대 전체주의적 규정과도 너무나 흡사하다. 그리고 이러한 선전의 덕택으로, 그의 반인도주의적인 태도는 인정 있고, 이타적이고, 기독교적이라고 끊임없이 이상화되어 왔던 것이다.

제7장 지도력의 원리

포퍼는 플라톤의 정치문제에 대해 다음과 같이 비판한다. 플라톤은 정치문제를 '누가 통치해야 하는가'나 '누구의 의지가 지고한 것으로 받아들여져야 하는가'와 같은 형태로 나타냄으로써 정치철학에서 계속적인 혼란 상태를 야기했다. 이것은 도덕철학의 영역에서 집단주의와 이타주의를 동일시함으로써 불러일으킨 혼동과 사실상 흡사하다. 플라톤과는 다른 각도에서 정치이론에 접근해본다면, 어떤 근본적인 문제를 풀었다기보다는 '누가 통치할 것인가' 하는 질문을 근본적인 것이라고 가정함으로써 문제를 간과해버렸다는 것을 알게 된다.

'누가 통치해야 하는가' 하는 질문이 근본적인 것이라고 믿는 자들은 정치권력이란 본질적으로 제재받지 않는 것이라고 암암리에 가정한다. 그들은 누군가 권력을 갖는다고 가정하며, 권력을 잡은 사람은 그의 권력을 강화할 수 있고, 거의 무제한적이고 견제할 수 없는 권력으로 신장시킬 수 있다고 가정한다. 이런 가정을 하게 되면 그때는 정말 '누가 지고한 자가 될 것인가' 하는 질문만이 가장 중요한 문제로 남는다. 하지만 절대적으로 의존할 수 있는 선하고 현명한 정부를 갖기란 결코 쉽지 않다는 것을 인정한다면, 최악의 지배자에 대비하고, 최선의 지배자를 희망해서는 안 되는가와 같은 질문이 제기된다. 이것은 정치적 문제에 대한 새로운 접근법을 초래한다. 그는 플라톤의 가정을 주권이론이라 부른다. 그것은 정치권력이 실제적으로 제재받지 않는 것이라는 보다 일반적인 가정이나, 혹은 정치권력은 제재받지 않는 것이어야 한다는 요구를 표현하기 위해서이다.

주권에 관한 이 이론은 플라톤의 접근법에서 암암리에 가정되어 있고 줄곧 그 역할을 수행해 왔다. 그러나 이러한 주권 이론은 경험적으로나 논리적으로 빈약한 이론이라고 주장할 수 있다. 어떤 정치적 권력도 제재받지 않은 적이 없었으며, 인간이 인간으로서 존재하는 한 절대적이고 제어당하지 않는 정치권력이란 있을 수 없다.

포퍼는 주권에 관한 모든 이론은, 보다 근본적인 물음을 말하자면, 권력과 다른 권력들 간의 균형을 유지시킴으로써 통치자에 대한 제도적인 통제를 시도해서는 안 되는가와 같은 문제를 다루지 않는다고 비판한다. 이런 견제와 균형의 이론은 적어도 신중한 검토를 요구한다. 이런 요구에 대한 반대로는 ① 그런 통제가 실제적으로 불가능하다든가, ② 정치권력은 본질적으로 지고한 것이므로 그것은 본질적으로 상상도 못 할 일이라는 것이다. 이 독단적인 두 반대는 사실에 의해 논박되며, 다른 상당수의 영향력 있는 관점들도 그들과 함께 붕괴된다.

통치자에 대한 제도적 통제의 문제를 제기하기 위해 정부가 언제나 선하거나 현명한 것은 아니라는 것 이상은 가정할 필요가 없다. 포퍼는 오히려 통치자는 도덕적으로나 지적으로 평균 이상인 자가 거의 없었고, 더러는 평균 이하였다고 생각하려 한다. 그리고 우리는 물론 최선의 통치자를 얻기 위해 노력하겠지만, 그와 동시에 정치에 있어서 최악의 통치자에 대비한 원칙을 채택하는 것이 합리적이라고 생각한다. 탁월하고 유능한 통치자를 확보할 수 있다는 가냘픈 희망에 우리의 모든 정치적 노력을 건다는 것은 그는 미친 짓으로 본다. 그리고 주권의 일반적인 이론에 반대하는, 위에 언급한 경험적 논증은 별문제로 하더라도, 주권이론의 특수한 형태가 지닌 어떤 모순을 나타내는 데 사용될 수 있는 일종의 논리적 논증이 있다. 예를 들면, 우리는 통치자로서 '가장 현명한 자'나 '가장 선한 자'를 택할 수 있을 것이다. 그러나 '가장 현명한 자'는 그의 지혜로써 그가 아니라 '가장 선한 자'가 지배해야 한다는 것을 알게 될지도 모르며, '가장 선한 자'는 그의 선한 마음씨로써 '다수'가 지배해야 한다고 결정 내릴지도 모르는 것이다. '법의 지배'를 요구하는 주권 이론의 그런 형태까지도 같은 반대에 부딪친다는 것은 주목할 만하다. 이 간략한 비판을 종합해 보면, 주권 이론은 경험론적으로나 논리적으로 빈약한 이론이라고 주장할 수 있다. 최소한 다른 가능성에 대해 주의 깊게 고려하지 않고 채택해서는 안 된다.

> 그것은 '누가 통치해야 하는가'라는 질문 대신에 '우리는 사악하거나 무능한 지배자들이 너무 심한 해악을 끼치지 않도록 어떻게 정치제도를 조직할 수 있는가'라는 새로운 질문을 하도록 하기 때문이다(I.205).

만약 플라톤에 따라 '누가 통치해야 할 것인가' 하는 문제로 정치문제에 접근한다면 그리고 가장 선한 자가 지배해야 한다는 플라톤의 지도원리가 받아들여진다면, 미래의 문제는 미래 지도자 선정을 위한 제도를 설계하는 문제로 되어야 할 것이다. 그러므로 플라톤에게는, 미래의 지도자를 선정하고 그들에게 지도력을 습득시키는 일이 교육의 과업으로 등장하며, 이를 담당하는 기구가 국가의 문교부라 할 수 있다. 순전히 정치적인 관점에서 보면, 이것은 플라톤의 사회에서는 무엇보다 중요한 제도이다. 이것이 권력의 열쇠를 쥐고 있다. 이런 이유 하나만으로도 적어도 고급 단계의 교육은 통치자에 의해 직접 통제되어야 한다.

이런 최상급의 교육 형태에 관해 플라톤이 제도적으로 요구한 것은 무엇인가? 그는 청춘기를 보낸 자들만이 그 교육을 받을 수 있다고 주장한다. 체력이 쇠하기 시작하고 공공의무나 병력의무의 연령이 지났을 때만, 사람들은 최상급의 변증법적 연구 영역에 들어가게 허용된다. 플라톤이 이런 놀라운 규칙을 제시한 이유는, 그가 사상의 영향을 두려워했기 때문이다. 청년기에는 누구든 투쟁적일 것이다. 자주적으로 사고할 수 없을 정도로 늙었을 때, 지배계급의 사람들은 그들 자신이 철인이 되고 또 자기의 지혜를 미래 세대에 전달하기 위해서, 지혜와 권위에 물들어 버린 독단적인 학생이 되어버릴 것이다.

그러나 미래 지도자의 선정이나 교육이란 자기모순적인 이념이다. 지적 탁월성의 본래적 의미는 비판정신이며, 지적 독립성인 것이다. 그러므로 지적으로 탁월한 자의 선정이나 교육은 어떠한 권위주의로도 해결할 수 없는 문제이다. 어떠한 권위도 감히 자기의 권위를 무시하는 것 같은 지적 용기를 가진 자들을 가장 가치 있는 유형이라고는 결코 인정하지 않을 것이기 때문이다. 결국 뛰어난 인재를 선발하는 제도를 고안한다는 것은 거의 불가능하다. 제도적인 선택은 플라톤이 생각한 것, 즉 변화를 억제하려는 그런 목적에나 잘 맞을 것이다. 그러나 그 이상을 생각한다면 잘 맞지 않을 것이다. 왜냐하면 제도적 선택은 언제나 탁월한 자와 창의적인 자를, 그리고 보다 일반적으로는 예기하지 못한 자질을 가진 자들을 제거해 버리려고 하기 때문이다. 플라톤은 지도권의 계승을 제도적으로 통제하여 정치적 변화를 억제하려고 했다. 그 통제는 학문에 대한 권위주의적 관점, 즉 학식 있는 전문가와 "온갖 시련을 이겨낸 자"의 권위에 입각한 교육적인 통제였다. 포퍼는 플라톤이 이것을 책임 있는 정치가는 전문가이기보다는 지혜를 사랑하는 자여야 하며 그가 자신의 한계를 알았을 때만 현명하다고 할 수 있다는 소크라테스의 원리에서 만들어낸 것이라고 본다.

제8장 철인왕

플라톤은 정직의 문제에 대한 그의 집단원리의 적용을 의사를 예로 들어 설명한다. 플라톤이 그의 정치적 사명을 사회의 병든 몸뚱이를 치료하는 자나 구제하는 자로 그리고자 하는 이상 이런 예를 택한 것은 아주 적절하다. 그러나 국가 통치자는 강한 약을 처방할 만큼 대담하지 못한 평범한 의사처럼 행동해서는 안 된다. 국가의 이익을 위해 보다 대담하게 거짓말을 하고 그들의 적과 자신들의 국민을 속이는 것이 국가 통치자의 일이며, 다른 어느 누구도 건드릴 수 없는 특권이기 때문이다. 통치자는 강한 약을 써야 한다고 권고했을 때, 플라톤이 생각한 것은 피지배자 대중의 행동을 통제하는 기술인 선전이었다. 이러한 플라톤의 선전과 관련하여 포퍼는 플라톤이 소크라테스의 주지주의와 비슷한 것과 완전히 결별해버렸다고 확신한다.

포퍼가 의미하는 플라톤의 위대한 선전용 거짓이란 그의 인종주의, 즉 인간에 관한 금속의 신화와 대지에서 태어난 자의 신화로 알려진 그의 피와 흙의 신화이다. 여기서 우리는 플라톤의 공리주의적이고 전체주의적인 원리들이 모든 것, 심지어 지배자의 진리를 알 권리, 진리를 말하도록 요구하는 특권까지도 위압한다는 것을 알 수 있다.

플라톤의 피와 흙의 신화에서, 그는 그것이 기만이라는 것을 솔직히 시인하고 있다. 플라톤의 신화 그 자체는 두 가지 관념을 나타낸다. 첫 번째는 조국의 방위를 강화하는 것으로, 국가의 전사들은 "자기 나라의 대지에서 태어난" 토착인으로서, 그들의 어머니인 자기 나라를 방위할 각오가 되어 있다고 하는 관념이다. 두 번째 관념은 인종주의의 신화이다. 이 신화에서는 하위계급과 섞인 것은 무엇이든 상위계급에서는 제외되어야 한다고 되어 있다. 그러므로 계급상의 혼합이나 그에 상응되는 변화의 가능성은 단지 고상하게 태어났으나 질이 나빠진 아이들은 하위로 밀려나게 되며, 천하게 태어난 그 누구도 상위계급으로 올라갈 수 없다는 것을 의미할 뿐이다.

결국 포퍼는 플라톤이 우리가 생각하는 것보다 관습주의에 가깝다고 말한다. 존경받는 관습주의자인 프로타고라스가 적어도 우리가 제정하는 법률은 신적인 영감의 도움으로 만드는 것이라고 믿었던 반면, 플라톤은 종교적 신념까지도 '관습에 의해서' 받아들이려고 한다.

그러나 플라톤이 철학자는 진리를 사랑하는 자라고 정의하고, 다른 한편으로는 왕은 보다 용기 있고 또 보다 대담한 거짓말을 사용해야 된다고 주장하면서, 철학자가 왕이 되어야 한다든가, 왕이 철학자가 되어야 한다고 요구한 이유는 무엇인가? 이 물음에 대한 유일한 대답은 플라톤이 '철학자'라는 말을 쓸 때 실제로 그의 마음속으로는 다른 무엇을 생각하고 있었다는 것이다.

실제로 앞 장에서 플라톤이 말하는 철학자는 진실로 지혜를 추구하는 자가 아니라, 오만한 진리의 소유자라는 것을 보아 왔다. 철학자는 학식 있는 자이며, 현인이다. 그러므로 플라톤이 요구하는 것은 학식의 지배, 즉 만약 그렇게 부를 수 있다면, 현자지배sophocracy인 것이다(I.242).

이 주장을 이해하기 위해서는, 어떤 종류의 기능 때문에 플라톤 국가의 통치자는 지식의 소유자, 즉 그가 말하는 것처럼 "충분한 자격을 갖춘 철학자"여야만 하는가를 살펴보아야 한다. 고려되어야 할 기능들은 국가의 창건에 관계되는 것과 국가의 유지에 관계되는 것으로 나누어질 수 있다.

철인왕의 첫 번째 기능이며 가장 중요한 기능은 국가의 창건자와 입법자로서의 기능이다. 이 일에 철학자가 필요한 이유는, 국가가 안정되려면 그 국가는 마땅히 국가의 신성한 형상이나 이데아를 그대로 본뜬 것이어야 하는데, 최고의 과학인 변증법에 아주 능통한 철학자만이 이러한 작업을 수행할 수 있기 때문이다. 이런 식으로 플라톤은 철학자라는 술어에 새로운 의미를 부여했다. 즉 형상이나 이데아의 신성한 세계를 사랑하는 자, 투시하는 자라는 새로운 의미를 철학자라는 말에 부여한 것이다. 그러기에 철학자는 도덕적인 국가의 창건자가 될 수 있는 사람이다.

이 부분에 대해 잠시 살펴보자면, 플라톤의 선의 이데아는 형상의 위계질서에서 가장 높은 것이다. 그것은 형상이나 이데아의 신성한 세계에서 태양에 해당하는 것으로, 모든 다른 이데아들에 빛을 발산할 뿐 아니라, 그들의 현존의 원천이기도 하다. 또한 그것은 모든 지식과 진리의 원천이나 원인이기도 하다. 그러므로 선을 통찰하고, 이해하고, 안다는 것은 변증론자에게는 필수적이다. 그러나 순전히 형식적이기만 한 이 정보가 우리가 알고 있는 전부이다. 플라톤의 선의 이데아가 보다 직접적인 윤리적 역할이나 정치적 역할을 한 곳은 아무 데도 없다.『국가』에서 플라톤은 자기가 의미하는 '선'이 무엇인지 설명할 수가 없다고 솔직하게 털어놓고 있다. 우리가 이때까지 받은 유일한 실제적인 암시는 선은 존속하는 모든 것이고, 악은 부패하고 타락하는 모든 것이라는 정도뿐이다. 따라서 선은 사물들의 변하지 않는 상태이며, 억제된 상태이다. 이것은 플라톤의 정치적 전체주의를 크게 넘어서는 것 같지 않다. 그리고 플라톤의 지혜의 이데아에 대한 분석에서도 우리는 똑같이 실망하게 된다. 플라톤이 지혜를 논하는 방법도 변화를 억제해야 한다는 그의 이상을 넘어서는 것 같지 않다.

다시 철인왕의 기능에 대해 살펴보자. 철학자가 창건자가 되어야 한다는 것은 철학자가 영구히 지배해야 한다는 요구를 완벽하게 정당화하지는 못한다. 그것은 단지 어째서 철학자가 최초의 입법자가 되어야 하는지를 설명할 뿐이지 특히 후세의 어느 통치자도 변화를 초래해서는 안 되기 때문에 철학자가 영구한 통치자로서 요구되어야 한다는 이유를 설명하지 못한다. 우리는 플라톤의 사회학적 이론으로부터, 일단 창건된 국가는 지배계급의 단합에 금이 가지 않는 한 안정되게 존속해 나갈 것이라는 점을 알고 있다. 그러므로 그 계급의 양육이 위대한 주권 보존의 기능이며, 또한 국가가 존재하는 한 계속되어야만 하는 기능이다. 그것은 철학자가 통치해야 한다는 주장을 어느 정도 정당화하고 있는가. 이 물음에 대답하기 위해, 포퍼는 다시 이 기능을 두 가지의 다른 활동, 즉 교육에 대한 감독과 우생학적 생식에 대한 감독으로 구별하여 논의한다.

국가와 국가의 교육제도가 일단 성립된 후, 경력 있는 장군이나 군인이 지배하는 것은 어째서 충분치 못한가? 교육제도는 군인뿐 아니라 철학자도 배출해야만 하기 때문에,

군인과 마찬가지로 철학자도 감독자로서 필요하다는 대답은 분명 만족스럽지 못하다. 교육제도의 요구 자체는 플라톤의 국가가 철학자를 필요로 하는 것이나, 통치자는 철학자여야만 한다는 요청을 정당화할 수 없는 것이다. 플라톤이 지배자의 철학적 교육에 부여한 최대의 중요성은 다른 이유, 순전히 정치적인 이유들로 설명되어야 한다.

플라톤은 그 지도자들에게 부여한 초자연적이고 신비로운 힘에 권위의 바탕을 두었다. 지도자들은 보통 사람과는 다르다. 그들은 다른 세계에 속하며 신적인 것과 교류하는 자들이다. 그러므로 플라톤의 철학적 교육은 명확한 정치적 기능을 갖는다. 그것은 지배자에게 어떤 표시를 붙여주는 것이며, 지배자와 피지배자 사이에 장벽을 쌓는 것이다. 플라톤이 특수화된 철학적 훈련을 고안했을 때, 그는 어떤 분명한 목적을 갖고 있었음이 확실하다. 우리는 당대의 입법자가 갖는 기능과 비슷한, 통치자가 갖는 영구한 기능을 밝혀야 한다. 포퍼는 그런 기능을 밝혀줄 유일한 희망은 플라톤이 말하는 지배계급의 생식 분야에 있을 것이라 분석한다.

인종주의는 플라톤의 정치강령에서 우리가 처음 기대했던 것보다 더욱 중추적인 부분을 차지한다. … 플라톤이 말하는 왕king이란 축산왕이란 것을 짐작할 것이다. 그러나 플라톤의 철학자philosopher란 철학적 축산가임이 밝혀질 때, 아직도 일부 사람들은 놀랄 것이다. 과학적, 수리적-변증법적, 철학적인 사유의 필요성은 철학자의 주권에 대한 논증의 하나이다(I.248).

합리적인 사유는 어떤 정형과 노력해 나갈 목표 및 교배와 선택의 방법에 의해 접근해 가려는 이상이 없이는 불가능하다. 이 기준은 플라톤이 사육하고자 했던 종족에 대한 플라톤적 이데아에 그대로 상응하는 것이다. 플라톤에 의하면 참된 철학적인 변증론자만이 국가의 신성한 원형을 볼 수 있듯이, 신성한 다른 원형, 인간의 형상이나 이데아를 알아낼 수 있는 사람은 단지 변증론자뿐이다. 우리는 철인왕의 근본적인 두 가지 기능이 유사하다는 것을 알 수 있다. 철인왕은 국가의 신성한 원형을 본떠야 하고, 또 인간의 신성한 원형을 본떠야 한다. 철인왕은 '국가에서와 마찬가지로 인간에게서도 자신의 신성한 영성을 실현할' 수 있고, 또 실현할 충동을 가진 유일한 인물이다.

플라톤이 그의 핵심적이고 가장 이목을 끄는 정치적 요구로서 이야기한 철인왕의 주권에 관한 이론을 선언할 때, 그는 이 요구만이 종족퇴화와 같은 악도 종식시킬 수가 있다고 보았다. 우생학에 필요불가결한 그 모든 과학을 연구한 '진실 되고 충분한 자질을 갖춘 철학자'가 없으면, 국가는 멸망하기 때문이다. 수와 인간의 몰락이라는 이야기 속에서 플라톤은 타락한 수호자들이 저지르는 첫 번째 치명적인 태만 죄 중 하나가 종족의 순수성을 지키고 식별하는 일에 관심을 갖지 않는 것이라고 이야기한다. 수학적인 우생학의 비밀을 아는 자만이 몰락 이전에 즐겼던 행복을 사람들에게 되돌려 줄 수 있고, 또 사람들을 위해 존속시킬 수 있는 것이다.

철인왕의 주권 이론 배후에는 권력으로의 추구가 있다는 사실을 우리는 직시해야 한다고 포퍼는 분석한다. 주권자에 대한 아름다운 초상은 플라톤 자신의 자화상이다. 말하자면, 철인왕은 플라톤 자신이며, 『국가』는 플라톤 자신의 왕권에 대한 요구이다. 플라톤은 철학자로서의 요구와 순교자 코드로스의 합법적인 후계자로서의 요구를 자신 속에 통일시켜, 권력은 마땅히 자기가 차지해야 한다고 생각했던 것이다. 그러나 플라톤은 최초의 철학적 왕관 대신에 최초의 철학교수직을 차지하는 것으로 만족해야 했다.

제9장 탐미주의, 완전주의, 유토피아주의

플라톤의 정치강령은 유토피아적 사회공학을 포함한다고 포퍼는 결론짓는다. 이것은 합리적인 점진적 사회공학과는 대립되는 것이다. 유토피아적 접근법은 다음과 같이 설명될 수 있을 것이다. 모든 합리적 행위는 어떤 목적을 가져야 한다. 행위가 그 목적을 의식적이고 지속적으로 추구해 가는 만큼, 그리고 그 목적에 따라서 행위의 수단을 결정해 나가는 만큼 행위는 합리적인 것이다. 그러므로 우리가 합리적으로 행동하고자 한다면, 첫째로 해야 할 일은 그 목적의 선택이다. 그리고 우리는 우리의 실제적이거나 궁극적인 목적의 수단이거나 또는 그 도중의 단계일 뿐인 중간적인 목적이나 부분적인 목적과는 분명히 구별해야 한다.

이 원리를 정치적 활동의 영역에 적용한다면 우리는 어떤 실제적 행동을 하기 전에 우리의 궁극적인 정치적 목적이나 이상국가를 결정해야만 한다. 이런 궁극적인 목적이 적어도 윤곽이라도 잡힌 후에라야, 우리가 목적하는 사회의 청사진 같은 것을 손에 넣은 후에라야 비로소 그 실현을 위한 방법과 수단을 고려해 볼 수 있고 실제 행동의 계획을 세울 수 있게 된다. 이것은 설득력 있고 매력적이다. 사실상 그것은 역사법칙주의적 편견에 영향을 받지 않았거나 혹은 그것에 반대하는 모든 사람을 매혹하는 그런 종류의 방법론적 접근이다. 이 때문에 유토피아적 공학은 더욱 위험해지며, 유토피아적 공학에 대한 비판 역시 더욱 필요하게 된다.

포퍼는 유토피아적 공학을 상세히 비판하기 전에 또 다른 사회공학으로의 접근, 즉 점진적 공학에 대해 논의하고자 한다. 이 방법을 채택하는 정치가는 그의 마음속에 사회의 청사진을 가질 수도 있고 갖지 않을 수도 있으며, 또 인류는 어느 날엔가는 이상국가를 실현하고 지상에 행복과 완전을 성취하리라는 것을 바랄 수도 바라지 않을 수도 있다. 따라서 점진적 공학자는 최대의 궁극적 선을 추구하고 또 그 선을 위해 투쟁하기보다는, 사회 최대의 악과 가장 긴급한 악을 찾고 그에 대항해서 투쟁하는 방법을 적용할 것이다. 이런 차이는 단순한 언어상의 차이가 아니다. 사실은 그것이 가장 중요한 것이다. 그것은 대다수의 인간을 향상시킬 수 있는 합리적 방법과, 실제로 시도한다면 인간의 고통을 참을 수 없을 정도로 증가시킬 수도 있는 방법 간의 차이이다. 또한 어느 때, 어느 장소에서도 실제로 지금껏 성공적이었던 사실들을 개선하는 유일한 방법과, 그것이 시도되는 곳에서는 어디서나 단지 이성 대신에 폭력을 쓰게 되고 또 그 방법 자체를 포기하지 않으면 어쨌든 그 원래의 청사진을 포기하게 되는 방법과의 차이이다.

점진적 방법에 찬성하는 점진적 공학자는 어떤 이상을 확립하기 위한 투쟁보다는 고통과 부정, 그리고 전쟁에 대항하는 체계적인 투쟁이 수많은 사람들의 찬성과 동의에 의해 보다 지지를 받을 것이라고 주장할 수 있다. 사회악의 존재, 즉 말하자면 많은 사람들이 고통받고 있는 사회조건이 있다는 것은 비교적 쉽게 설정할 수 있을 것이다. 점진적 방법을 사용함으로써 우리가 합리적인 모든 정치적 개혁의 가장 큰 실제적 난점, 즉 강령을 실천할 때 열정이나 폭력 대신에 이성을 사용한다는 난점을 극복할 수도 있다. 그리고 합리적인 타협에 도달할 수 있는 가능성이 있을 수 있고, 그 결과로 민주주의의 방법에 의한 개선을 달성할 수도 있다.

그것과는 반대로 하나의 전체로서의 사회의 청사진을 사용해서 이상국가를 실현하고자 하는 유토피아적 시도는 강력한 한두 사람의 중앙집권적 통치를 요구할 것이며, 그러므로 그것은 독재로 흐르기 쉽다. 포퍼는 이미 앞서 권위주의의 통치야말로 가장 못마땅한 정부형태임을 나타내고자 했다. 이를 바탕으로 그는 유토피아적 접근법에 반대하는 더욱 직접적인 논증을 전개한다.

자비로운 독재자가 부딪치는 어려움 중의 하나는 (백여 년 전에 토크빌이 분명하게 알았던 것처럼) 그의 조치의 결과가 자신의 선량한 의도와 일치하는지 어떤지를 알아내는 일이다. 그 어려움은 권위주의란 비판을 허용할 수 없다는 사실에서 야기된다. 따라서 자비로운 독재자는 그가 취한 조치에 대한 불평을 쉽게 들을 수 없을 것이다. … 상황은 유토피아적 공학자에게는 분명 더 어려워진다. … 따라서 유토피아적 공학자는 여러 불평들에 귀를 막아야 할 것이다. 사실상 철없는 반대를 억누르는 것이 그의 업무 중의 하나일 것이다. (레닌처럼 그도 "계란을 깨지 않고는 오믈렛을 만들 수 없다"고 말할 것이다.) 그러나 그것과 더불어 그는 어쩔 수 없이 합리적인 비판도 또한 억누르지 않으면 안 될 것이다(I. 267).

유토피아적 공학의 또 다른 어려움은 독재자의 후계자 문제와 관련된 것이다. 유토피아적 과업의 범위 때문에, 한 사람의 사회공학자나 한 집단의 사회공학자들이 당대에 그 과업의 목적을 실현하기란 불가능할 것이다. 그러나 그 후계자가 동일한 이상을 추구하지 않는다면, 그 이상을 위해 바쳐진 국민의 모든 고난은 수포로 돌아갈 수도 있을 것이다.

이렇게 하여 우리는 다음과 같은 두 개의 가정, 즉 (a) 언제나 이러한 이상이 무엇인가 하는 것을 절대적으로 확실하게 결정하는 합리적 방법이 있으며, (b) 그것을 실현하는 최선의 수단이 무엇인가 하는 것을 절대적으로 확실하게 결정하는 합리적 방법이 있다는 가정과 함께, 하나의 절대적이고 불변적인 이상에 대한 플라톤적 신념만이 유토피아적 접근법을 구제할 수 있다는 것을 알게 된다. 단지 이런 원대한 가정만이 유토피아적 방법론이 전적으로 무용하다는 선언을 못하게 한다. 그러나 플라톤 자신과 가장 열렬한 플라톤주의자까지도 (a)는 확실히 틀렸다는 것을 인정할 것이다. 즉 궁극적 목적을 결정하는 합리적 방법이란 존재하지 않으며, 만약 뭔가 있다면 그것은 단지 어떤 종류의 직관이라는 것을 인정할 것이다. 그러므로 유토피아적 공학자들 사이에 생기는 의견차는 합리적 방법이 없기 때문에, 이성 대신에 힘의 사용, 즉 폭력을 초래하고야 말 것이다.

여기서 포퍼의 비판을 옳게 이해하는 것이 중요하다. 그는 이상은 결코 실현될 수 없다거나, 이상은 항상 유토피아로 머물러야 한다고 주장함으로써 이상을 비판하는 것이 아니다. 예컨대 시민적 평화를 지키기 위한 제도, 즉 국내의 범죄 방지를 위한 제도의 설립같이 한때는 실현 불가능한 것으로 독단적으로 선언되었던 많은 것들이 실현되었기 때문이다. 그리고 예를 들어, 무력침략이나 약탈과 같은 국제적 범죄를 방지하기 위한 제도의 설립도 종종 유토피아적이라고 낙인찍히긴 했지만, 그리 어려운 문제는 아니라고 생각된다.

유토피아적 공학이란 이름 하에서 그가 비판하는 것은 전체로서의 사회의 재구성, 즉 우리들의 제한된 경험 때문에 그 실제적 결과를 계산하기가 어려운 너무나 전폭적인 변화를 요구한다는 점이다. 우리는 그런 야심만만한 주장을 하는 데 필요한 실제적 지식 같은 것을 갖고 있지 않은데도 불구하고, 그것은 사회 전체를 위한 합리적인 계획을 요구한다. 우리는 이런 종류의 계획에 대한 실제적 경험이 불충분하고, 또 실제의 지식은 경험에 의거해야 하므로, 그런 지식을 가질 수 없다. 현재로는 대규모 공학에 필요한 사회학적 지식은 전혀 존재하지 않는다.

유토피아적 공학자는, 실제적 경험의 필요성과 실제 경험에 의거한 사회적 공학의 필요성을 인정할 듯하다. 그리고 그는 유토피아적 공학은 실험적 방법을 사회에 적용하는 것 외에는 아무것도 아니라고 덧붙일 수도 있을 것이다. 실험은 전폭적인 변화를 개입시키지 않고서는 수행될 수 없다. 거대한 인구 집단인 현대사회의 독특한 성격 때문에 실험은 대규모적으로 수행되지 않을 수 없다. 유토피아적 공학을 지지하는 이런 논증들은 널리 유포된 하나의 편견, 즉 사회적 실험은 '대규모'적이어야 하며, 또 그것이 현실적 조건하에서 실행되는 것이라면 사회 전체를 포함해야 한다는 편견을 나타낸 것이다. 이 예가 유토피아적 공학자의 편견이 어디에 있는지를 보여준다. 유토피아적 공학자는 사회에 대한 실험을 할 때 전체 사회구조를 개조해야만 한다고 확신하고 있다. 그리고 그는 그 결과로 작은 사회의 전체 구조를 개조하는 하나의 시도로서만 보다 신중한 실험을 생각할 수 있을 것이다.

　그러나 우리가 가장 많은 것을 배울 수 있는 종류의 실험은 한 번에 하나의 사회제도만 바꾸어보는 것이다. 왜냐하면 우리는 제도들이 다른 제도의 구조와 어떻게 조화되는지, 그리고 그 제도들을 우리의 의도대로 작용하게 하려면 어떻게 조정해야 하는지와 같은 것을 단지 이런 식으로밖에 배울 수 없기 때문이다. 결국 전체적이거나 대규모적인 방법은 단편적 방법이 먼저 무수히 많은 상세한 경험을 제공해 주는 곳에서만 잘 되어나가고, 그리고 단지 바로 이런 경험의 범위 안에서만 잘 되어나갈 것이다. 청사진이 아무리 가장 훌륭한 전문가에 의해 작성되었다 하더라도, 처음에 모델을 만들어 그것을 가능한 한 여러 번 조금씩 조정해서 개발하지 않고, 단지 청사진에만 의거해서 새로운 엔진을 생산하려고 하는 제작자는 거의 없을 것이다.

유토피아주의에 대한 포퍼의 비판과 마르크스의 비판이 갖는 공통점은 양자가 좀 더 현실적이기를 요구한다는 점이다. 그들은 어떤 사회적 행위도 꼭 기대했던 결과를 갖기란 어렵기 때문에 유토피아적 계획은 생각했던 방식대로는 결코 실현되지 않으리라 믿는다. 그러나 유토피아주의에는 플라톤식 접근법의 독특한 특성이며 마르크스가 반대하지 않은 한 요소가 있다. 그것은 포퍼가 비현실적이라고 공격한 요소들 중에서 가장 중요한 요소이다. 그것은 유토피아주의의 전폭성, 즉 돌멩이 하나도 그대로 두지 않고 사회를 전체적으로 다루려는 시도이다. 그것은 사회악을 뿌리째 뽑아버려야 한다는 확신이며, 세상에 어떤 품위 있는 것을 실현하기 위해서는 비위에 거슬리는 사회제도를 완전히 근절해 버려야 한다는 확신이다. 그것은 비타협적인 급진주의이며, 탐미주의이며, 완전주의이다. 말하자면 그것은 지금보다 좀 더 낫고 좀 더 합리적일 뿐만 아니라, 추함이 전혀 없는 세계, 참으로 아름다운 새로운 세계를 건설하고자 하는 욕망과 관련이 있다. 포퍼의 분석에 따르면,

이러한 탐미주의가 플라톤에서보다 더욱 강렬하게 표현된 곳은 없다. 플라톤은 예술가였다. 그리고 많은 위대한 예술가들처럼, 그도 한 모형, 즉 그의 작품의 '신성한 원형'을 형상화하고, 그것을 충실히 '모사'하고자 애썼다(I. 274).

플라톤에게서 정치란 왕도의 예술이었다. 그것은 인간을 다루거나 어떤 일이 되도록 하는 기술이라는 비유적 의미에서의 예술이 아니라, 문자 그대로의 의미에서 예술인 것이다. 그것은 음악이나 회화나 건축에서와 같은, 구성의 예술이다. 플라톤적 정치가는 미를 위해 국가를 구상한다. 그

러나 포퍼는 이 점에 항의한다. 그는 인간의 생활은 예술가의 자기표현 욕망을 만족시키기 위한 수단이 될 수 없다고 믿는다. 우리는 차라리 모든 사람은 원한다면, 다른 사람을 너무 심하게 간섭하지 않는 한, 자신의 생활을 스스로 설계할 권리를 갖는다고 주장해야 한다. 그는 탐미적 충동에는 상당히 공감하지만, 예술가는 다른 질료를 통해 표현하도록 제의한다. 정치는 평등주의와 개인주의적 원리를 받아들여야 한다. 미에 대한 꿈은 근심에 싸인 사람과 부정으로 고통받는 사람을 도와주어야 하며 그런 목적을 수행할 제도를 만드는 데 도움이 되어야 한다.

플라톤과 같은 예술-정치가는 현존하는 제도와 관습을 뿌리째 뽑아버리려고 한다. 그는 정화하고, 숙청하고, 쫓아내고, 추방하고 죽여야만 한다. 플라톤은 실로, 모든 형태의 철저한 급진주의가 갖는 비타협적 태도를 참되게 표현한 것이다. 사회는 예술작품처럼 아름다워야 한다는 견해는 너무나 쉽게 폭력적인 조치를 초래한다. 플라톤의 탐미적 급진주의의 기초들을 비판하기 위해, 두 가지 상이한 점들을 구별하는 것이 좋다. 첫째, 우리의 '사회체제'와 그것을 다른 '체제'로 대체시켜야 할 필요성에 대해 이야기하는 몇몇 사람들이 품고 있는 생각, 즉 새 그림을 그리기 위해서는 캔버스를 깨끗이 지워버린 후 그 위에 그림을 그려야 한다는 것과 아주 비슷하다. 그러나 거기에는 커다란 차이들이 있다. 그중 하나는 화가와 그에게 협력하는 사람들뿐만 아니라 그들의 생활을 가능하게 하는 제도들과 보다 나은 세계를 위한 꿈과 계획들, 예의와 도덕의 표준들 모두가 사회체제, 즉 지워버려야 하는 그림의 한 부분이라는 것이다. 그들이 실제로 캔버스를 깨끗이 청소하고자 한다면, 그들 자신과 그들의 유토피아적 계획까지도 파괴해야만 할 것이다. 아르키메데스와 같은 정치적인 예술가는 지렛대로 사회를 움직이기 위해 자신이 설 수 있는 사회 밖의 어떤 지점을 요구하고 있다. 그러나 그런 장소는 존재하지 않는다. 그리고 사회는 어떠한 재구성이 행해질 때에라도 그 기능을 계속해야 한다. 이것이 왜 우리가 사회공학에서 좀 더 많은 경험을 쌓을 때까지 점차적으로 사회제도를 개혁하지 않으면 안 되는가 하는 간단한 이유이다.

이로부터 중요한 두 번째 문제, 즉 급진주의 본래의 불합리성이 도출된다. 모든 문제에서 우리는 단지 시행착오에 의해, 즉 실수하고 개선하면서 배운다. 비록 영감이 경험에 의해 견제될 수 있는 한 매우 가치 있는 것일 수도 있지만, 우리는 결코 영감에만 의존할 수는 없다. 따라서 우리 사회의 완전한 재구성이 당장 작동할 수 있는 체제로 될 것이라는 가정은 합리적이지 않다. 오히려 경험의 부족 때문에 많은 실수가 발생할 것이고, 그것들은 오랫동안 힘들여 조금씩 조정해 가는 과정에 의해서만, 달리 말하면 우리가 옹호하는 점진적 공학의 합리적 방법에 의해서만 제거될 것이라고 기대해야 한다.

포퍼의 결론은 이것이다. 탐미주의와 급진주의는 우리로 하여금 이성을 던져버리게 하고, 그 대신 정치적 기적을 바라는 절망적인 희망을 갖도록 한다. 이것은 아름다운 세계를 꿈꾸는 도취 상태에서 솟아 나오는 낭만주의이다. 그러나 항상 이성보다는 감정에 호소하는 낭만주의는, 지상에 천국을 건설하려는 선한 의도가 있다 해도, 단지 하나의 지옥을 만들 뿐이다.

열린사회에 대한 플라톤의 공격 배경

제10장 열린사회와 그 적들

포퍼는 플라톤의 행복론이 그의 정의론과 너무나 비슷하다는 것, 특히 그것이 사회는 '본성상' 계급이나 신분으로 나누어진다는 동일한 신념에 근거하고 있다는 것을 지적했다. 플라톤의 주장에 의하면 진정한 행복은 오로지 정의에 의해서만, 즉 자신의 위치를 지킴으로써만 이루어진다는 것으로 해석할 수 있다. 지배자는 지배하는 데서, 전사는 전쟁에서 행복을 찾아야 한다. 그리고 노예는 노예처럼 일하는 데서 행복을 발견해야 한다고 추론할 수도 있다.

그것과는 별도로 플라톤은 자신이 목적하는 것은 개인의 행복도 국가의 어떤 특정 계급의 행복도 아니며, 오로지 전체의 행복뿐이라고 자주 이야기한다. 이 전체의 행복은 포퍼가 전체주의적인 것으로 그 성격을 증명하였던 그러한 정의가 지배한 결과일 뿐이다. 포퍼는 이 모든 것을 고려해 보면, 플라톤이 직접적이고 실제적인 시도에서는 실패했지만, 결론적으로는 그가 증오한 문명을 저지하고 붕괴시키기 위한 그의 선전에서는 아주 성공한 전체주의적 정치인이었다는 주장은 일관되고 거의 논박될 수 없는 해석인 것 같다고 평가한다.

포퍼는 마술적 사회나 부족사회 혹은 집단적 사회는 닫힌사회라 부르며, 개개인이 개인적인 결단을 내릴 수 있는 사회는 열린사회라 부른다. 닫힌사회는 하나의 유기체에 그대로 비교될 수 있을 것이다. 소위 국가 유기체 이론이나 생물학적 이론은 상당한 범위에까지 닫힌사회에 적용될 수 있다. 닫힌사회는 그 구성원들이 반*생물학적 유대에 의해 함께 묶여 있는 사회이다. 이 사회는 사람들이 노동의 분업이나 상품의 교환과 같은 추상적인 관계에 의해서 상호 관계하는 것이 아니라, 만져보고 냄새 맡고 바라보고 하는 구체적인 육체적 관계에 의해 맺어진 사회이다. 계급을 포함한 닫힌사회의 제도는 신성불가침한 금기이다.

열린사회는 이와 반대로 유기체적인 특성이란 없는 추상적인 사회이다. 열린사회는 구체적이거나 실제적인 인간 집단 및 그런 실제적인 집단체제가 갖는 특성은 상당히 잃어버릴 것이다. 이 사회는 인간 상호 간의 직접적인 접촉

이 거의 없는 비인격적 사회라 불릴 수도 있을 것이다. 이런 열린사회에서는 친밀한 인간적 접촉을 거의 갖지 않거나 전혀 갖지 않고 익명과 고립 속에서, 그리고 그 결과 불행 속에서 사는 사람들이 많다. 왜냐하면 사회는 비록 추상화되었다고 하더라도, 인간의 생물학적 구조는 크게 변하지 않았기 때문이다. 인간은 추상적 사회에서는 만족할 수 없는 사회적 욕구를 갖고 있다. 닫힌사회에서 열린사회로의 이행이란 분명히 인류가 겪은 가장 심원한 혁명 중의 하나이다. 닫힌사회의 생물학적 특성 때문에 이 이행은 참으로 철저하게 인식되어야 한다. 그리하여 우리의 서구문화가 그리스로부터 나온 것이라는 이야기를 할 때, 우리는 그것이 의미하는 바를 깨달아야 한다. 그것이 의미하는 바는 그리스인은 우리를 위해 아직도 시작 단계에 있는 것으로 보이는 위대한 혁명, 닫힌사회에서 열린사회로의 전환을 시작했다는 것이다.

물론 이 혁명은 의식적으로 이루어진 것은 아니었다. 부족주의의 붕괴, 즉 그리스 닫힌사회의 붕괴는 지배계급인 지주들 사이에서 인구 증가가 문제시되기 시작한 시기까지

거슬러 올라갈 수 있을 것이다. 이것은 '유기체적' 부족주의의 종말을 뜻한다. 왜냐하면 그것은 지배계급의 닫힌사회 내부에 사회적 긴장을 조성했기 때문이다. 기원전 6세기까지는 이런 발전은 낡은 생활방식의 부분적 해체에까지, 심지어는 정치적 혁명과 반동의 연속에까지 이르렀다. 그리고 이런 발전에 의해 스파르타에서처럼 무력으로 부족주의를 유지시키고 고수하려는 시도가 나타났을 뿐만 아니라, 위대한 정신적 혁명인 비판적 토론의 창안과 그 결과 마술의 속박에서 벗어난 사상의 창안까지 나타났다. 그리고 우리는 새로운 불안이 나타나는 최초의 징후도 발견한다. 문명의 긴장이 느껴지기 시작하고 있었다.

인류 역사에서 하나의 전환점을 마련한 이 세대를 포퍼는 '위대한 세대'라 부르고자 한다.

이 세대는 펠로폰네소스 전쟁 직전과 그 전쟁 중에 살던 세대이다. … 그들은 언어와 관습과 법률에 관한 인간의 제도들이란 금기의 마술적 특성을 가진 것이 아니라 인간이 만든 것이며, 자연적인 것이 아니라 관습적인 것이라는 원리를 확립하고, 그와 동시에 우리 자신이 그것들에 대한 책임도 져야 한다는 것을 주장했다. 그 당시에 알키다마스, 리코프론, 안티스테네스 등으로 구성된 고르기아스 학파가 있었는데, 그들은 반노예제와 합리적인 보호주의 및 반민족주의의 기본적 교리, 즉 인류 보편제국의 신조를 발전시켰다. 그리고 가장 위대하다고 할 수 있는 소크라테스가 있었는데, 그는 다음과 같은 것들을 가르쳤다. 우리는 인간의 이성에 대한 신념을 가져야 하지만, 동시에 독단주의는 조심하지 않으면 안 된다. 우리는 이론과 이성에 대한 불신을 멀리해야 하며, 또한 지혜의 우상을 만들어내는 마술적 태도를 멀리해야 한다. 다른 말로 표현하자면, 그는 과학의 정신이 비판이라는 것을 가르쳤던 것이다(I.308f).

다른 한편 인도주의적이고 보편주의적인 강조가 페리클레스의 유명한 추도연설에서 강렬하게 느껴진다. 이 연설에서의 말들은 아테네에 대한 단순한 찬사가 아니라, 위대한 세대의 정신을 표현한 것이다. 이러한 말들은 위대한 평등주의적 개인주의자의 정치강령을 정식화한 것이며, 민주주의란 '국민이 지배해야 한다'는 원리에 의해서는 철저히 규명될 수 없고, 이성과 인도주의적 신념에 기초해야 한다는 것을 잘 이해하고 있는 민주주의자의 정치강령을 정식화한 것이다.

포퍼는 열린사회에 대한 신념과 인간에 대한 신념, 평등과 정의에 대한 신념과 인간 이성에 대한 신념에 가장 위대한 공헌을 한 자는 소크라테스라고 본다. 소크라테스는 이 신념을 위해 죽었다. 소크라테스는 페리클레스처럼 아테네 민주주의 지도자가 아니었으며, 프로타고라스 같은 열린사회의 이론가도 아니었다. 오히려 그는 아테네와 아테네의 민주주의적 제도에 대한 비판자였다. 소크라테스의 비판은 민주적 비판이며, 민주주의적 생활을 위해서는 필요한 종류의 비판이었다. 그러나 그는 참다운 평등주의자였고, 진정한 개인주의자였다.

포퍼는 소크라테스가 행한 교육의 몇몇 양상들에 관해 언급한다. 즉 그의 주지주의와, 지적 정직성과 자기비판에 대한 강조, 정의에 관한 그의 평등주의적 이론과 불의를 다른 사람에게 가하는 것보다는 불의의 희생자가 되는 것이

낫다는 원리 등에 관해서 설명했다. 소크라테스가 민주주의와 민주주의적 정치가에 대해서 비판한 것은 그들이 이런 것들에 대해서 적절하게 인식하지 못한 점이다. 그들의 지적 정직성의 결여와 권력정치로의 몰입에 대해 소크라테스는 그들을 정당하게 비판했다. 정치적 문제의 인간적 측면을 강조함으로써 그는 제도적인 개혁에는 크게 관심을 가질 수가 없었다. 그가 관심을 기울였던 것은 열린사회의 직접적이고 인간적인 측면이었다. 그가 자신을 정치가로 생각한 것은 실수였다. 그는 교사였다.

소크라테스의 가장 재능 있는 제자였던 플라톤은 소크라테스가 죽은 후 얼마 되지 않아 그를 배반했다. 그러나 소크라테스의 신념은 공개적으로 도전하기에는 너무나 강력하였기 때문에, 플라톤은 그것을 닫힌사회에 대한 신념으로 재해석하고자 했다. 이 일은 어려웠지만 불가능한 일은 아니었다. 왜냐하면 소크라테스는 민주주의에 의해 살해되었기 때문이다. 그렇지만 포퍼는 플라톤이 그의 영혼 깊은 곳에서는 소크라테스의 가르침이 그의 닫힌사회의 해석과는 매우 다르며, 그가 소크라테스를 배반하고 있다는 것을 느꼈다고 생각한다. 우리는 플라톤을 읽으면서, 플라톤의 정신에서 끊임없는 내적 갈등을 목격한다. 그의 까다로운 자제와 그 자신의 개성의 억압까지도 이런 갈등의 표현인 것이다.

포퍼의 분석에 의하면, 이 내적 투쟁은 플라톤의 영혼의 이론에서 가장 분명하게 나타난다. 플라톤이 통일과 조화를 열망하면서 인간 영혼의 구조를 계급이 분리된 사회의 구조와 비슷한 것으로 형상화한 것은 그가 얼마나 깊이 괴로워했는지를 보여주는 것이다. 플라톤의 투쟁의 다른 흔적은 그가 인도주의적 이념에 반대했던 거의 모든 곳에서, 특히 『국가』에서 발견될 수 있다고 생각된다. 정의의 평등주의적 이론과의 싸움에서 그가 보인 회피적 태도와 냉소, 거짓말을 변명하고 인종주의를 도입하고 정의를 그 나름대로 규정하기 위해 붙인 그의 주저하는 듯한 서문 등에 관해서는 앞 장에서 모두 언급했다.

소크라테스는 그 자신의 인격적인 성실과 타협하기를 거절했지만, 플라톤은 자신의 비타협적인 캔버스 청소에도 불구하고, 내딛는 단계마다 그의 성실성과 타협하면서 나아갔다고 포퍼는 주장한다. 그 결과 다음과 같은 귀결에 도달한다. 우리가 플라톤으로부터 배워야 할 교훈은 그가 가르치고자 하는 것과는 정반대의 것이다. 정치적 변화를 억제하는 것은 치료가 아니다. 그것은 행복을 가져올 수 없다. 우리는 결코 소위 닫힌사회의 순진함과 아름다움으로 되돌아갈 수 없다. 천국으로의 꿈은 지상에서는 실현될 수 없는 것이다. 지식의 열매를 먹은 자는 천국을 잃어버린 것이다. 우리는 금수로 돌아갈 수 있다. 결론적으로 포퍼는 우리가 인간으로 남고자 한다면 오직 하나의 길, 열린사회로의 길이 있을 뿐이며, 우리는 우리에게 주어진 이성을 사용하여 안전과 자유를 위해 계획하면서 미지의 세계, 불확실하고 불안정한 세계로 나아가지 않으면 안 된다고 말한다.

제2부
열린사회와 그 적들 Ⅱ

예언 철학의 등장

제1장 헤겔철학의 아리스토텔레스적 뿌리

플라톤의 철학에서 변화는 타락이며 몰락이었다. 사물의 모든 전개과정은 형상에서 출발하므로 모든 변화하는 사물은 그것이 변화하는 정도만큼 그리고 그것의 원형과의 유사성이 감소하는 만큼 그 완전성을 상실해 가는 것이기 때문이다. 아리스토텔레스가 플라톤 사상을 체계화하는 과정에서 만든 가장 중요한 변화는 변화에 대한 비관주의적 견해를 낙관주의로 바꾼 것이다. 아리스토텔레스는 변화를 인정하나, 그 변화는 개선이고 진보일 수 있다고 보았다. 그것은 목적인이라는 생각에 기초해 있다.

아리스토텔레스에 의하면 모든 운동이나 변화의 4가지 원인 가운데 하나가 목적인인데 이것은 운동이 지향하는 목적이다. 모든 변화하는 것의 형상 혹은 본질은 그 변화가 진행되는 마지막 상태 혹은 끝머리와 동일하다. 아리스토텔레스에 의하면 플라톤에서 선한 것으로 인식되는 형상은 맨 처음이 아니라 맨 나중에 위치하게 된다. 아리스토텔레스의 목적론, 즉 목적인으로서의 변화의 종착점에 대한 강조는 그가 깊이 심취했던 생물학적 관심의 한 표현이었다. 백과전서적인 유형의 역사가였던 아리스토텔레스는 역사법칙주의에 직접적인 공헌을 한 것은 없다. 그럼에도 불구하고 그의 변화의 이론은 역사법칙주의자의 해석에 이용되었다. 포퍼는 아리스토텔레스의 본질주의로부터 직접 도출될 수 있는 세 가지의 역사 법칙주의 교설을 다음과 같이 규정한다.

① 인간이나 국가가 변화의 과정을 겪는 것이라면, 우리는

오직 그 역사를 통해서만 (헤겔의 용어를 빌리면) '아직 전개되지 않은 숨은 본질'에 관해 알 수 있다. … ② 변화는, 아직 개발되지 않은 본질 속에 숨어 있는 것을 드러냄으로써, 변화하는 대상 속에 처음부터 들어 있던 본질, 잠재성, 씨를 밖으로 명백하게 나타낼 수 있다. 이 교설은 역사적 숙명, 혹은 피할 수 없는 본질적 운명이라는 역사법칙주의의 관념과 연결된다. … ③ 본질이 실현되기 위해서는 변화 속에 스스로를 펼쳐 놓아야 한다(II.33).[2]

이 교설은 헤겔에 와서 다음과 같은 형태를 취하게 된다. '자기 스스로 존재하는 것은 하나의 단순한 잠재성이다. 그것은 아직도 존재로 드러나지 않았다. 이념이 실현되는 것은 오직 활동에 의해서일 뿐이다.' 그러므로 존재로 드러나기를 내가 원한다면 나는 나의 성격을 내세워야 한다.

아리스토텔레스는 플라톤의 사상을 좇아 참된 앎과 소견

---

2 칼 포퍼, 『열린사회와 그 적들 II』, 이명현 옮김(민음사, 1982), 33쪽. (다음부터는 II는 2권을 나타내고 II 이후의 숫자는 쪽수를 나타낸다.)

을 구별했다. 참된 앎은 아리스토텔레스에 의하면 두 가지인데, 논증적인 것과 직관적인 것이다. 논증적 지식은 '원인'에 관한 지식이다. 이것은 삼단논법적 논증에 의해 논증될 수 있는 명제(결론)로 구성되어 있다. 직관적 지식은 사물의 본질적 성질을 파악하는 데 있다. 이것은 모든 학문의 원천이다. 왜냐하면 직관적 지식은 모든 논증의 가장 원초적인 기본전제를 파악하는 것이기 때문이다.

아리스토텔레스에 의하면, '기본전제는 사물의 본질을 서술한 명제 이외에 아무것도 아니다' 그러한 명제가 바로 그가 정의definition라고 부른 것이다. 그러므로 증명의 모든 기본전제는 정의이다. 정의는 어떻게 되어 있는가? 정의의 한 예를 들면 다음과 같다. '강아지는 어린 개다.' 이와 같은 정의하는 문장의 주어인 '강아지'라는 말은 정의되는 말이라 부르며, '어린 개'라는 말은 정의하는 말이라고 부른다. 일반적으로 정의하는 말은 정의되는 말보다 더 길며 더 복잡하다. 아리스토텔레스는 정의되는 말은 사물의 본질의 이름으로 보았으며 정의하는 말은 그 본질의 서술로 보았다. 그리고 정의하는 말은 문제되는 사물의 본질적 성질들을 모두 서술해야 한다고 그는 주장한다.

이제까지의 분석을 요약하여 완전한 인식이 무엇인가에 대한 아리스토텔레스의 견해를 서술하면 이렇다. 모든 지적 탐구의 궁극적 목적은 모든 본질에 대한 직관적 정의, 즉 사물의 이름과 그것을 정의하는 말을 포함하는 총괄표를 만드는 데 있다. 그리고 지식의 진보는 그와 같은 총괄표를 점진적으로 축적해 가는 데 있다. 즉 총괄표를 더욱 확대해갈 뿐 아니라 빈 곳을 자꾸 채워 가며, 그 전제들의 총괄표로부터 사실적 지식의 전부를 도출하는 데 있다.

이런 논의에 대해 포퍼는 진리탐구에서 우리는 과학적 확실성 대신에 과학적 진보라는 개념으로 대체해야 한다고 주장한다. 과학의 방법에 대한 이와 같은 견해는 과학의 발전과정에 의해 확인된다. 왜냐하면 과학은 아리스토텔레스가 생각한 바와 같이 본질에 관한 정보의 총괄적 축적에 의해 전개되는 것이 아니라, 더욱 혁명적 방식에 의해 진보되기 때문이다. 과학은 대담한 생각과 새롭고 기이한 이론의 제시와 옛 이론의 전복에 의하여 성장 발전한다.

본질주의적 입장에서는 정의는 '정상적'으로 왼쪽에서부

터 읽는다. 반면에 현대과학에서 정상적으로 사용되는 정의는 오른쪽에서 왼쪽으로 읽는다. 후자는 정의하는 말에서 시작하여 그것에 해당되는 간단한 명칭이 무엇인가를 묻는다. 그리하여 '강아지는 어린 개다'라는 정의에 대한 과학적 입장은 이렇다. 이 정의는 '어린 개'를 '우리가 무엇이라고 불러야 할 것인가?'라는 물음에 대한 대답이요 '강아지는 무엇인가?'라는 물음에 대한 대답이 아니다

포퍼는 아리스토텔레스와 헤겔에 이르는 기간은 열린사회와 닫힌사회 사이에 벌어지는 갈등으로 해석될 수 있다는 점을 지적하려고 한다.

플라톤-아리스토텔레스의 정신과 페리클레스, 소크라테스, 데모크리투스 등의 위대한 세대의 두 갈래의 정신 사이에 벌어지는 갈등의 흔적은 어느 시대에 있어서나 찾아볼 수 있다. 이 정신은 다소 순수한 형태로 견유학파Cynics의 운동 속에 보존되었다. 견유학파는 초기 기독교인들과 마찬가지로 모든 사람은 하나의 형제라고 가르쳤는데, 견유학파의 사람들은 그런 형제애의 사랑을 하나님을 아버지로 믿는 일신교

적 신앙과 연결시켰다(II.49).

견유학파의 운동과 마찬가지로 기독교는 그 시초에는 지식인의 플라톤적 이상주의와 율법사들의 주지주의와는 맞서 있었다. 그것은 부분적으로는 넓은 의미의 유대적인 플라톤 사상이라고 말할 수 있는, 하나님과 그 말씀에 대한 추상적 숭배에 대한 하나의 항거였다.

제2장 헤겔과 새로운 부족주의

포퍼는 헤겔이 모든 역사법칙주의의 원천이고 헤라클레이토스, 플라톤, 아리스토텔레스의 직접적인 후계자라고 분석한다. 헤겔은 이 세계에 대한 모든 비밀을 파헤쳐 놓을 수 없기 때문에 실망만 안겨 주는 과학의 전문적인 탐구보다는 세계의 비밀들을 곧바로 풀어 주는 비법을 더 좋아하는 사람들에 의해서 커다란 명성을 휘날리게 되었다. 그는 헤겔의 성공이 '부정직한 시대'의 시작이었으며 '무책임한 시대'의 시작이었다고 본다. 처음에는 지적 무책임의 시대였다가 나중에는 그 귀결로서 도덕적 무책임의 시대가 되었다. 이 모든 것에도 불구하고, 만일 그의 배후에 프러시아제국의 권위가 있지 않았던들 헤겔이 독일철학에서 가장 영향력 있는 인물이 되는 것은 불가능했을 것이다. 헤겔의 영향, 특히 그의 궤변의 영향은 아직도 도덕철학과 사회철학 그리고 사회 및 정치학에서 아주 강력한 힘을 발휘하고 있다. 특히 역사철학, 정치철학, 교육철학은 아직도 대부분 헤겔의 영향 아래 놓여 있다. 정치학에서 이런 사실은 아주 극적으로 잘 나타난다. 마르크스의 극좌파와 보수주의 중도파, 그리고 파시스트의 극우파 모두 그들의 사상의 기초를 헤겔에 두고 있다. 극좌파는 헤겔의 역사법칙주의적 틀에 나타나는 국가 간의 전쟁을 계급투쟁으로 대체한 것이며 극우파는 그것을 인종 사이의 투쟁으로 대체한 것이다.

아리스토텔레스와 더불어 헤겔은 이렇게 믿었다. 이데아 혹은 본질은 변화하고 있는 사물 속에 있다. 보다 정확히 말하면 (우리가 헤겔을 정확하게 논의할 수 있는 한) 이데아 혹은 본질은 변화하고 있는 사물과 동일하다고 헤겔은 가르쳤다. '모든 현실적인 것은 이데아'라고 그는 말한다(II.68).

이런 주장이 사물의 본질과 그것이 감각적으로 나타난 것을 갈라놓는 플라톤의 심연이 이어졌다는 것을 뜻하지는 않는다. 그러나 플라톤과는 달리, 헤겔은 변화 가운데 있는 세계의 진행 추세가 이데아로부터 멀어져 가는 하강, 썩어 없어짐으로 향하는 것이라고 가르치지 않았다. 스페우시포스(플라톤의 조카이자 플라톤 아카데미의 초대 학장)와 아리스토텔레스와 마찬가지로 헤겔은 전체적 추세는 이데아로 향해 가는 것, 즉 진보라고 가르쳤다. 헤겔의 역사법칙주의는 낙관적이다. 그의 본질과 정신은 플라톤의 영혼과 마찬가지로 스스로 움직이는 것이다. 그것들은 스스로 전개하며, 혹은 유행하는 말로 표현하면, 그것들은 '스스로 창조하며, 출현하는 것'이다. 변화의 세계는 출현하며 '창조적 진화'의 상태에 있다. 각 단계는 그것이 본래 나온 앞 단계를 포함하고 있다. 그리고 각 단계는 앞의 모든 단계를 넘어서서 완전으로 점점 가까이 접근해 간다. 변화의 일반적 법칙은 그러므로 진보의 법칙이다.

집단주의자 헤겔은 플라톤과 마찬가지로 국가를 하나의 유기체로 형상화한다고 포퍼는 이해한다. 국가에다 집단적 '일반의지'를 마련해 놓은 루소를 본떠서 헤겔은 국가에다 의식적이며 생각하는 본질, '이성' 혹은 '정신'을 부여했다. 그 본질이 바로 활동인 정신은 동시에 국가를 형성하는 민족의 집단적 정신이다. 우리가 이성이라고 즐겨 부르는 것은 이 사회적 유산과 우리가 그 안에서 살고 있는 사회적 집단, 즉 민족의 역사적 전개과정의 산물 이외에 아무것도 아니다. 이 전개과정은 변증법적으로, 즉 삼박자 리듬으로 진행된다. 맨 먼저 정론thesis이 제시된다. 그러나 그것은 비판을 불러일으킨다. 그것은 그 반대, 반론antithesis을 주장하는 반대자에 의해 모순에 부딪힌다. 이와 같은 견해의 충돌 속에서 반대자의 일종의 통일, 보다 높은 수준에서의 타협 내지 화해인, 종합synthesis이 이루어진다. 이 종합은 말하자면 본래 두 개의 상반된 입장을 흡수하여 그것들을 넘어선다. 종합은 두 반대자를 부정하며, 고양하고 보존하여 자신의 요소로 환원한다. 그리고 일단 종합이 이루어지고 나면, 전체 과정이 이제까지 도달된 수준보다 높은 수준에서 다시 반복된다. 간단히 말해서 이것이 이른바 헤겔이 '변증법적 삼단계'라고 부른 진보의 삼박자 리듬이다.

"이성적인 것은 현실적이고, 현실적인 것은 이성적이다"는 헤겔의 유명한 명제에 대한 다음과 같은 포퍼의 설명은 매우 인상적이다. 우리가 앞에서 살펴본 바와 같이 플라톤의 이데아 혹은 형상은 '마음속에 있는 관념idea'과 완전히 다르다. 이데아만이 실재하며, 파괴될 수 있는 사물은 비실재적인 것이라고 플라톤은 말했다. 이런 플라톤의 이론으로부터 헤겔은 이념=실재적인 것이라는 등식을 채택했다. 칸트는 그의 변증론에서 '순수이성의 관념Ideas of Pure Reason'에 관해서 말했는데, 이때 '관념Idea'은 '마음속에 있는 관념'이라는 뜻이었다. 헤겔은 이 칸트의 이론으로부터 관념은 심리적 혹은 정신적 혹은 합리적인 것으로, 관념=이성Reason 이라는 등식으로 표현될 수 있다는 이론을 채택했다. 위의 두 등식을 결합하여, 달리 표현하면 개념의 애매화에 의하여, Real=Reason이라는 등식을 얻었다. 이것이 헤겔로 하여금, 합리적인 것은 모두 실재하는 것이며, 실재하는 것은 모두 합리적인 것이라는 주장과 실재의 전개과정은 이성의 전개과정과 동일하다는 주장을 하게 하였다.

그것은 '세계정신의 사고과정' 말하자면, 신에 의해 추리된 일종의 거대한 변증법적 삼단논법이다. 그 삼단논법은 신이 따라가는 계획이며 도달된 논리적 결론은 신의 섭리가 추구하는 종착점, 세계의 완성이다. 그의 『역사철학』에서 헤겔은 다음과 같이 주장한다.

"철학이 역사에 제공하는 유일한 사고는 이성에 대한 단순한 관념이다. 그것은 이성은 세계의 주권이며, 세계의 역사는 그러므로 이성의 과정을 우리에게 제공한다는 교설이다. 이 확신과 직관은 철학의 영역에서 가설이 아니다. 이성은 실체이며 무한한 힘이며 무한한 물질이며 무한한 형상이며 무한한 에너지라는 것이 거기서 증명된다. 그리고 이 '이데아', 혹은 '이성'이 참된 것이며 영원한 것이며 절대적으로 힘 있는 본질이라는 것, 그것은 세계 속에 자신을 나타내고 있다는 것, 그리고 그 세계 속에 이것과 그 명예와 영광 이외에는 아무것도 드러나지 않는다는 것, 이 명제는 우리가 이미 말한 바와 같이 철학에서 증명되어 왔으며 여기서 논증된 것으로 보인다"(II.81).

포퍼는 헤겔이 민족주의 역사에서 새로운 장을 시작했을 뿐 아니라, 민족주의에 새 이론을 공급해 주었다고 분석한다. 피히테는 언어에 입각한 민족주의에 대한 새 이론을 마련해 놓았으며, 헤겔은 민족에 대한 역사적 이론을 도입해 놓았다. 헤겔에 의하면 국가는 역사 안에서 행동하는 정신에 의해 통일되어 있다.

민족주의는 종족적 본능, 정열과 편견, 개인적 책임의 긴장으로부터 벗어나려는 우리의 향수에 호소한다. 민족주의는 개인의 책임으로부터 나오는 긴장감을 집단적 책임으로 대체하려고 한다. 민족국가의 원리, 즉 모든 국가의 영토는 하나의 민족이 거주하는 영토와 일치되어야 한다는 주장은 오늘날의 많은 사람에게 결코 자명하지 않다. 민족을 말할 때 그가 의미하는 것이 무엇인지를 우리가 이해한다 하더라도, 민족이 왜, 예를 들어 종교, 일정한 지역 안에서의 출생, 왕조에 대한 충성심, 민족주의와 같은 정치적 신념들보다 더 중요한 정치적 근본 범주로 받아들여야 하는가가 그렇게 명백하지 않다. 포퍼는 결정적으로 한 민족은 공통의 기원과, 같은 언어나 같은 역사에 의해 결합되어야 한다는 어떤 주장도 실제로 받아들일 수 없으며 적용될 수도 없다고 말한다. 더군다나 그는 민족국가의 원리는 적용될 수 없을 뿐 아니라 한 번도 분명하게 고찰된 적이 없는 하나의 신화라고 말한다.

헤겔의 철학 속에는 의미 있는 사상 하나가 있음을 포퍼는 인정한다. 헤겔이 전통에 진 이성의 빚을 충분히 이해하지 못하는 추상적 합리주의와 지성주의를 공격하는 것이 바로 그것이다. 그것은 인간은 백지에서 시작할 수 없으며 무에서 사고의 세계를 창조할 수 없다는 사실에 대한 인식이다.

이것은 매우 중요한 점이라고 포퍼는 인정한다. 그리고 그는 헤겔에서 그 논점을 발견할 수 있다고 본다. 그러나 그는 이것이 헤겔 자신의 공헌이라고는 인정하지 않는다. 그것은 낭만주의자들의 공동재산이었다. 모든 사회적 창조물은 역사의 산물이다. 그것은 이성에 의해 계획된 발명품도 아니요, 역사적 사건들의 변천으로부터 나타나서 형성된 것이며, 관념과 이해들의 상호작용과 수난과 정열로부터 흘러나와 형성된 것이다. 이 모든 것은 헤겔보다 오래된 사상이다. 그것은 에드먼드 버크로 거슬러 올라간다.

혜겔의 사상을 인종주의로, 정신을 피로 뒤바꾸어 놓는 것은 혜겔사상의 주된 경향을 크게 바꾸는 것이 아니라고 포퍼는 주장한다. 그것은 단지 혜겔사상에 현대 진화론과 생물학의 색채를 부여해 줄 뿐이다. 그 결과는 물질주의적 이며, 동시에 신비적 종교 냄새까지 풍기는 자기 발전적인 생물학으로 나타나는데, 이런 종교의 예언자는 혜겔적인 베르그송이다.

인종주의라는 새 종교는 분명히 메타적인 요소와 생물학 적 요소, 말하자면 혜겔적인 신비적 형이상학과 혜겔적인 물질주의적 생물학을 보여주고 있다. 혜겔은 짐머른이 '전 체주의 운동의 무기창고'라고 부른 모든 것을 수집하고 보 존했다. 비록 이 무기의 대부분이 혜겔 자신이 만든 것이 아니라, 자유에 대한 영구한 반역의 옛 전쟁터에서 주어온 보물들 가운데서 그가 재발견한 것이긴 하지만, 그것들을 재발견하여 그의 추종자들의 손에 쥐어준 것은 분명히 그 의 노력에 의한 결과이다. 포퍼는 혜겔사상 가운데 가장 중 요한 것을 다음과 같이 나열했다.

(a) 국가는 국가를 창조하는 민족(지금의 인종)의 정신(지금의 피)의 화신이라는 역사법칙주의 사상의 형태를 띤 민족주의, 즉 하나의 선택된 민족(지금은 선택된 인종)은 세계지배를 위한 운명을 타고났다.

(b) 한 국가는 다른 국가들의 천적이므로 전쟁에서 자기의 존재를 주장해야 한다.

(c) 국가는 어떤 종류의 도덕적 의무로부터도 면제된다. 역사, 즉 역사적 성공이 유일한 심판관이다. 집단적 유용성이 개인적 행위의 유일한 원리이다. 선전꾼의 거짓말이나 진리의 왜곡이 용납된다.

(d) 특히 오래된 국가를 침략하는 신생 국가의 전쟁은 '윤리적'이라는 생각: 전쟁 그리고 운명과 영화는 가장 소망스러운 것들이다.

(e) 위대한 인간, 세계 역사적 인물, 박학과 위대한 정열을 소유한 사람, 이런 사람들의 창조적 행위.

(f) 소시민과 그의 천박한 범용의 삶과 반대되는 영웅적 인간과 영웅의 삶의 이상('위험스럽게 살아라')(II.97).

포퍼는 이 정신적 보화의 목록은 체계적인 것도 완전한 것도 아니라고 본다. 그리하여 그는 다음과 같이 헤겔의 철학을 평가한다.

단 하나의 판단만이 세계역사의 행적과 사건들에 관해 내려질 수 있다: 결과와 성공이 바로 그것이다. 그러므로 헤겔은 본질적 운명, 절대적 목적, 세계역사의 참된 결과를 확인할 수 있다. 성공하는 것, 즉 힘, 세계지배를 향한 여러 국가정신들의 변증법적 투쟁에서 최강자로 나타나는 것이 유일한 궁극적 목적이며 또한 심판의 유일한 기초이다(II.101).

헤겔은 이것을 보다 시적으로 표현한다.

"이 변증법으로부터 보편적 정신, 무한한 세계정신이 나타나서 세계역사의 유한한 민족에 대하여 심판을 내린다. 그리고 그 심판은 지고의 것이다"(II.101).

'세계역사는 행복의 극장이 아니다. 행복의 시대는 역사의 공란이다. 왜냐하면 그런 시대들은 조화의 시대들이기 때문이다.' 그러므로 자유주의, 그리고 자유와 이성은 일반적으로 헤겔의 공격의 목표물이다. 우리는 우리의 역사를 원한다! 우리는 우리의 숙명을 원한다! 우리는 우리의 투쟁을 원한다! 우리는 우리의 질곡을 원한다!는 발광적인 절규가 헤겔주의 전 체계를 관통하여 울려 퍼진다. 그것은 자유에 항거하는 반역의 아성과 닫힌사회의 보루의 회랑에 울려 퍼진다.

포퍼는 일백여 년 전에 헤겔에 관해 다음과 같이 말한, 쇼펜하우어의 말을 빌려 헤겔을 혹평한다. "그는 비단 철학에 대해서뿐 아니라, 모든 형태의 독일 문헌에 대해서 압도적인, 좀 더 엄격하게 말하자면 포복절도케 하는 전염병과 같은 악영향을 끼쳤다. 이것에 대항해서 언제나 강력하게 투쟁하는 것은 스스로 사회를 제대로 판단할 줄 아는 모든 사람의 의무이다. 우리가 침묵을 지키면 과연 누가 말을 할 것인가."

마르크스의 방법

제3장 마르크스의 사회학적 결정론

헤겔의 좌파인 마르크스주의와 파시즘의 유사점을 살펴보는 것은 흥미로운 일이다. 그러나 또한 그 차이점을 간과하는 것은 옳지 못하다. 비록 지적 원천에서는 그 양자가 거의 동일하다 하더라도 마르크스주의에는 말할 것도 없이 인도주의적 충동이 밑에 깔려 있다. 더구나 헤겔 우파와는 대조적으로 마르크스는 인간의 사회적 문제 가운데 가장 절박한 문제에 합리적 방법을 적용하려는 정직한 노력을 기울였다. 이러한 노력의 가치는 그 노력이 대부분 실패에 그쳤다는 사실에 의해 감소되지 않는다.

포퍼는 마르크스주의는 하나의 순수한 역사이론이라고 본다. 그것은 경제와 권력정치의 발전과정, 특히 혁명의 미래 진행과정을 예측하는 것이 목적인 이론이다. 마르크스의 엄청난 경제연구는 경제계획과 같은 건설적인 경제정책의 문제는 전혀 취급하지 않았다. 레닌이 인정한 대로, 마르크스의 저술 속에는 사회주의 경제에 관한 한마디의 말도 찾아볼 수 없다. 단지, '각자의 능력에 따라 각자에게 배분되는 사회로부터, 각자의 필요에 따라 각자에게 배분되는 사회로'라는 아무 소용도 없는 슬로건밖에 없다. 그 이유는 마르크스의 경제연구는 그의 역사적 예언에 대한 완전히 보조적인 수단에 지나지 않기 때문이다.

과학적 예측에 대한 이러한 강조는 그 자체로 중요한 방법론적인 발견이지만 불행하게도 그것이 바로 마르크스를 방황케 하였다. 왜냐하면, 미래가 미리 결정되어야만, 즉 미래가 과거 속에 드러나 있고 그 속에 비추어져 있어야만, 과학은 미래를 예측할 수 있다는 그럴싸한 논변은 그로 하여금 거짓된 믿음에 매달리게 하였기 때문이다. 마르크스는 그의 『자본론』에서 이렇게 말한다.

"사회발전을 결정하는 자연법칙을 한 사회가 발견했을 때에도 그 사회는 발전의 자연적 국면들을 뛰어넘을 수 없으며 펜을 휘둘러 세계로부터 그 자연적 국면들을 뒤섞어 놓을 수도 없다. 사회가 할 수 있는 것은 출산의 고통을 단축하거나 경감시키는 것뿐이다"(II.128).

이것이 바로 사회제도를 인간의 이성과 의도에 맞추어 합리적으로 계획할 수 있다고 생각하여 사회공학적 눈으로 사회제도를 쳐다보는 사람들을, 유토피아주의자라고 마르크스가 공박하는 이유이다.

포퍼의 분석에 따르면 마르크스의 사상은 여러 가지 점에서 엄청난 역사적 지진이었던 프랑스 혁명에 대한 기억이 생생하던, 그가 살던 시대의 산물이다. 그런 혁명은 인간의 이성에 의해 기획되어 연출될 수 있는 것이 아니라고 그는 느꼈다. 그러나 역사법칙주의적 사회과학은 그것을 예측할 수는 있었을 것이다. 사회적 상황에 대한 충분한 통찰을 지니고 있다면, 그 원인들을 들춰낼 수도 있었을 것이다. 이러한 역사법칙주의적 태도가 그 시대의 특징적 산물이라는 것을 우리는 마르크스의 역사법칙주의와 존 스튜어트 밀의 역사법칙주의 사이에 나타나는 유사점에서 발견할 수 있다.

밀은 그가 '사회학적 탐구의 두 종류'라는 것을 아주 분명히 구별했다. 첫째 것은 포퍼가 사회적 기술공학이라고 부르는 것과 매우 가까우며, 둘째 것은 역사법칙주의적 예언과 흡사하다. 밀은 두 번째 것에 편을 들어, 그것을 규정하기를, '다른 보다 전문적인 탐구들을 제한하고 통제하는 사회에 대한 일반적 과학'이라고 하였다.

제4장 사회학의 자율성

심리주의, 즉 사회생활의 모든 법칙은 궁극적으로 '인간성'의 심리적 법칙으로 환원될 수 있다는 그럴듯한 교설에 반대한 마르크스의 입장을 간명하게 표현한 것이 다음의 유명한 경구이다.

"인간의 존재를 결정하는 것은 인간의 의식이 아니다. 차라리 인간의 의식을 결정하는 것은 인간의 사회적 존재이다" (II.134).

족외혼의 문제, 즉 근친혼을 막기 위해 고안된 듯이 보이는 결혼법칙의 문제에 대해 논해보자. 밀과 그의 심리학적 사회학파는 이 결혼법칙을 인간성에 호소하여 설명하려고 한다. "사회의 모든 현상은 인간성의 현상이다"라고 밀은 말했다. 그리고 '사회적 현상들에 대한 법칙들은 인간존재의 정열과 행동의 법칙, 즉 개별적 인간성의 법칙 이외에 아무것도 아니다. 인간은 서로 합쳐놓았다 해서 다른 종류의 실체로 바뀌는 것은 아니다.' 근친상간을 꺼리는 본능적 경향에 호소하는 시도는 물론 소박하거나 대중적인 설명이다. 그러나 마르크스의 경구에 표현된 견해를 채택하면 오히려 그 반대의 경우가 사실이 아닐까. 즉 겉으로 본능같이 보이는 것은 교육의 산물, 즉 족외혼을 요구하고 근친상간을 금하는 전통과 사회적 규칙들의 원인이라기보다는 그 결과가 아닐까 하는 물음을 제기할 수 있다.

심리주의 교설에 반대하여 자율적 사회학을 옹호하는 사람들은 제도주의적 견해를 제안한다. 그들은 어떤 행동도 동기에 의해서만은 설명될 수 없다는 점을 먼저 지적한다. 동기가 설명에 사용될 수 있다면 그것은 일반적인 상황, 특히 환경을 참조하는 식으로 보완되어야 한다. 인간 행동의 경우에는 환경은 대체로 사회적 성질의 것이다. 그러므로 인간행동은 사회적 환경, 사회적 제도와 그것들의 사회적 기능방식에 대한 참조 없이는 설명될 수 없다. 그러므로 사회학을 행동에 대한 심리학적 혹은 행동주의적 분석으로 환원하는 것은 불가능하다고 제도주의자는 논한다. 차라리 그러한 모든 분석은 사회학을 전제로 하며, 따라서 사회학은 심리적 분석에 전적으로 의존할 수 없다. 사회학, 적어도 사회학의 매우 중요한 부분은 자율적이어야 한다.

사회음모설에 대한 포퍼의 설명은 자주 인용된다. 음모가 일어난다는 것은 인정되어야 한다. 그러나 이와 같은 음모가 있음에도 불구하고 음모설을 반증하는 명백한 사실은 이 음모들이 궁극적으로 성공하는 일이 극히 드물다는 점이다. 음모자들이 그들의 음모를 성취하는 일은 극히 드물다. 왜 그런가? 성취는 야망과 왜 그렇게 다른가? 그것이 음모이든 아니든 사회생활의 실상이 바로 그렇기 때문이다. 사회생활은 서로 상반되는 집단 사이의 힘의 대결장만은 아니다. 그것은 제도와 전통이라는 질기지만 때로는 부서지기 쉬운 틀 안에서 일어나는 행동이다. 그리고 그것은 의도적인 역작용 이외에도 이 틀 안에서는 예측되지 않은 많은 사태와 예견할 수조차 없는 사태들을 만들어낸다. 가능한 범위에서 이러한 반작용을 분석하고 예견하려고 노력하는 것이 사회과학의 주된 임무라고 포퍼는 믿는다. 그것은 의도적인 인간 행위로부터 연유하는 의도되지 않은 사회적 충격들 ―음모설과 심리설이 간과한 그 충격들― 을 분석하려는 작업이다.

심리주의에 대한 이런 반론을 계속하여 우리는 이렇게 말할 수 있을 것이다. 우리의 행동은 대부분 그 행위가 나타나는 상황에 의해 설명될 수 있다. 물론 그 행위들은 상황만으로는 충분히 설명될 수 없다. 그렇지만 상황에 대한 분석, 상황논리는 사회생활과 사회과학에 있어서 매우 중요한 역할을 한다.

제5장 경제적 역사법칙주의

마르크스가 아래와 같은 주장을 했다고 하여 그를 떠받드는 사람들을 그는 통속적 마르크스주의자라고 부른다. 그들에 따르면 마르크스는 인간의 가장 강력한 요구는 생계수단의 획득임을 보여줌으로써 경제적 동기의 막강한 힘을 분명하게 설명했다. 그리하여 그는 이윤추구의 동기나 계급적 이익의 동기와 같은 범주가 개인과 사회적 집단의 행동에서 지니는 근본적인 중요성을 증명했다. 이 사실을 그는 역사의 진행방향을 설명하는 범주로 사용하기도 했다.

마르크스주의의 핵심은 경제적 원인과 특히 계급적 이익이 역사를 끌고 가는 힘이라는 교설이다. 이 교설이 역사에 대한 유물론적 해석 혹은 역사적 유물론이라는 이름이 암시하는 뜻이며, 이런 명칭이 마르크스와 엥겔스가 자신들의 가르침에 붙인 이름이다. 그러한 견해들은 매우 흔하다. 그러나 포퍼는 이러한 마르크스에 대한 해석이 잘못되었다고 보면서, 그러한 견해를 지지하는 것들은 매력적이든 아니든 마르크스가 '역사적 유물론'이라고 부른 교설과는 거의 상관없다고 주장한다.

포퍼의 설명에 따르면, 옳건 그르건 간에, 마르크스는 전쟁, 공황, 실업, 풍요 속의 빈곤과 같은 현상을 대기업이나 제국주의 전쟁 청부업자들이 엮어 내는 교묘한 음모의 결과라고 보지 않고, 사회체제라는 그물에 걸려 있는 행위자들이 다른 결과를 얻으려고 취한 행동이 초래한 원하지 않는 사회적 결과라고 보았다. 마르크스의 경제적 역사법칙주의에 대한 해설은 마르크스와 J. S. 밀을 비교함으로써 쉽

사리 이루어질 수 있다. 두 사람은 사회현상은 역사적으로 설명될 수 있으며 모든 역사적 시기를 그 이전의 역사적 산물로 이해해야 한다는 믿음을 같이 가지고 있다. 마르크스가 인간의 삶의 '저급한' 혹은 '물질적' 측면 이상의 것은 아무것도 인식하지 못했다는 흔히 자주 입에 오르내리는 소리는 참으로 웃지 못할 왜곡이 아닐 수 없다. 따라서 이런 의미에서는 마르크스를 결코 유물론자라고 부를 수 없다.

포퍼는 마르크스가 자유, 진정한 자유를 사랑했다고 이해한다. 그리고 그는 마르크스가 인간이 정신적 존재인 한에서만 자유로울 수 있다고 믿은 점에서는 자유와 정신을 동일시한 헤겔을 따라갔다고 믿는다.

동시에 그는 실제로 (실제적 이원론자로서) 인간은 정신과 육체라고 인식했으며, 너무나 현실적이게도 육체는 둘 가운데 근본적인 것이라고 보았다. 이것이 바로 그가 왜 헤겔에 등을 돌렸으며 그가 왜 헤겔은 사물을 거꾸로 뒤집어 놓았다고 말했는가 하는 이유이다. 그러나 그는 물질세계와 생활필수품들이 근본적인 것이라는 것을 인정하기는 하였으나, '필연의 왕국'에 사랑을 느낀 것도 아니었다. 그는 물질적 요구에 속박되어 있는 사회를 필연의 왕국이라 불렀다. 그는 어떤 기독교적 이원론자 못지않게 정신의 세계, '자유의 왕국' 그리고 인간성의 정신적 측면을 고귀하게 여겼다(Ⅱ.151).

마르크스는 인간이 순수한 정신적 존재가 아니라고 본다. 그리고 그는 인간은 완전히 자유롭지도 않으며 완전한 자유를 성취할 수도 없다고 본다. 왜냐하면 우리는 신진대사의 필수품들과 그것을 생산하는 노동으로부터 우리 자신을 완전히 해방시킬 수 없기 때문이다. 우리가 성취할 수 있는 것은 심신을 고갈시키며 품위가 전혀 없는 노동의 조건들을 개선하여, 인간의 값에 보다 어울리도록 만드는 것이다. 우리의 삶이 어느 정도는 자유로울 수 있도록 노동조건을 균등화하여 잡역을 줄이는 것이다. 이것이 삶에 대한 마르크스의 중심 사상이라고 포퍼는 믿는다. 그리고 그것이 마르크스의 교설 가운데 가장 영향력 있는 사상이라고 생각한다.

사회의 모든 관계들은 그 관계들이 생산과정과 서로 주

고받는 관계의 정도에 따라 역사적이며 과학적인 의의를
지닌다.

> 야만인이 자기의 요구를 충족시키며 생존, 생식하기 위해 자
> 연과 더불어 싸워야 하듯이 문명인도 그래야 한다. 인간은
> 모든 형태의 사회 안에서 생산의 모든 가능한 형태 속에서
> 계속 그렇게 해야 한다. 이 필연의 왕국은 그 발전과 함께 팽
> 창하며 인간의 요구의 영역도 그렇다. 동시에 이런 요구들을
> 충족시키는 생산적 힘들도 팽창한다(II.154).

간단히 말해 이것이 인간의 역사에 관한 마르크스의 견
해이다.

우리가 마르크스의 역사적 유물론에 대한 비판과 평가를
하려 할 때 우리는 두 가지 다른 측면을 구별할 수 있다. 첫
째는 사회과학의 영역은 역사적이거나 진화적 방법의 영역,
그리고 특히 역사적 예언과 일치한다고 주장하는 역사법칙
주의이다. 이 주장은 정당화될 수 없다고 포퍼는 생각한다.

둘째는 사회의 경제적 조직, 자연과 우리의 물질적 교환

의 조직이 모든 사회제도와 특히 그 역사적 발전에 근본적이라는 주장인 경제주의(혹은 유물론)이다. 모든 사상과 관념은 그 밑바닥에 놓여 있는 본질적 실재, 즉 경제적 조건으로 환원되어 설명되어야 한다는 것이다. 흔히 그것은 모든 사회발전은 경제적 조건, 특히 생산의 물리적 수단의 발전에 의존한다는 교설로서 해석된다. 그러나 그런 교설은 너무나 분명하게 거짓된 이야기라고 포퍼는 결론짓는다.

경제적 조건과 사상은 상호작용하는 것이지 후자가 전자에 일방적으로 의존해 있지는 않다. 우리는 지식을 구성하는 어떤 관념이 아래의 논의에서 보는 바와 같이 생산의 보다 복잡한 수단보다 더 근본적이라고 주장할 수도 있을 것이다. 모든 기계와 모든 사회적 조직을 포함한 경제체제가 어느 날 파괴되었는데 기술적·과학적 지식만은 보존되었다고 상상해 보라. 그런 경우에 그것은 과히 오래 걸리지 않아 재건될 것이다. 그러나 이 문제에 대한 모든 지식은 사라지고, 물질적인 것들만 보존되었다고 상상해 보라. 이것은 야만인이 고도로 산업화되었으나 황폐해진 어떤 나라를 점유했을 때 일어날 사태와 같다. 곧 그것은 문명의 모든 물질적 유적의 완전한 소실로 인도될 것이다.

제6장 계 급

"지금까지 존재해 온 모든 사회의 역사는 계급투쟁의 역사이다." 이 진술의 방향은 분명하다. 역사를 추진하며 인간의 운명을 결정하는 것은 나라 사이의 전쟁이 아니라 계급 사이의 전쟁이라는 것이다. 국가 사이의 전쟁을 포함한 역사적 발전과정에 대한 인과적 설명에서 계급적 이해가 소위 국가이익이라는 것을 대신한다. 마르크스에 의하면, 이런 제도적 혹은 '객관적' 의미의 계급이익은 인간의 마음에 결정적인 영향을 미친다. 계급들이 그 속에 붙잡혀서 서로 아귀다툼을 하지 않을 수 없는 사회적 그물이 바로 마르크스주의가 사회의 경제구조 혹은 사회체제라고 부르는 것이다.

"생존의 수단을 생산하는 과정 속에서 인간은 그의 의지와는 상관없이 피할 수 없는 일정한 관계에 놓이게 된다. 이러한 생산관계는 물질적 생산력의 발전과정의 특정한 단계와 대응한다. 이러한 모든 생산관계의 체제는 사회의 경제적 구조, 즉 사회체제를 구성한다"고 마르크스는 말한다. 마르크스에 의하면 이것이 사회제도가 그가 지배자이든가, 피지배자이든가, 자본가이든가, 부르주아든가, 프롤레타리아든가, 그 누구를 막론하고 그의 행동을 결정하는 방식이다. 이것은 '사회적 상황의 논리'의 한 사례이다. 자본가의 모든 행동은 "자본가라는 도구를 통해 의지와 의식이 부여된 자본의 단순한 기능에 불과하다"고 마르크스는 헤겔적인 어투로 말했다. 이 말이 뜻하는 것은 사회체제가 그의 사상도 결정한다는 것이다.

포퍼는 이런 주장에 대해 다음과 같이 비판한다.

계급의 역사가 반드시 마르크스적인 의미의 계급투쟁의 역사가 아니라는 것은, 우리가 같은 계급 안에서 일어나는 분쟁이 갖는 중요한 역사적 역할을 고려해 보면 충분히 알 수 있다(II.168).

지배계급과 피지배계급 각각의 내부에서 나타나는 이해관계의 분규를 생각해 보면, 마르크스의 계급론은 너무 지나친 단순화의 위험성을 지닌 주장이라고 보지 않을 수 없다. 그렇다고 해서 부자와 가난한 자 사이의 분쟁이 매우 중대한 의미를 갖는다는 것을 부인하려는 것은 아니다. 중세역사의 가장 큰 주제 중 하나인 교황과 황제 간의 투쟁은 지배계급 내부에서의 분쟁을 보여주는 하나의 사례이다. 이 분쟁을 착취자와 피착취자 간의 싸움으로 해석하는 것은 너무나 명백한 오류가 아닐 수 없다.

반면에, 산업사회의 제도가 어떻게 움직여 가는가를 설명하려고 그가 사용한 소위 '계급적 상황의 논리'는 매우 격찬받을 만하다. 포퍼는 그 상황의 어떤 중요한 측면은 도외시되고 또 어떤 것은 너무 지나치게 과장되어 있긴 하지만, 백여 년 전에 있었던 '방만한 자본주의'제도라는 마르크스가 주로 마음에 두고 있던 산업사회의 그 발전단계에 대한 사회학적 분석으로서는 매우 격찬받을 만하다고 해석한다.

제7장 법률제도와 사회체제

『공산당 선언』에는 이렇게 적혀 있다. "정치권력이라는 것은 하나의 계급이 다른 계급을 억압하려고 만든 조직된 힘에 지나지 않는다." 비슷한 이야기를 레닌도 했다. "마르크스에 의하면 국가는 계급적 지배의 기관^{機關}, 하나의 계급이 다른 계급을 억압하기 위한 기관이다. 그 목적은 이러한 억압을 법률화하고 영구화하려는 '질서'를 만드는 데 있다." 국가는 간단히 말해서 지배계급이 자기의 투쟁을 수행해 가는 기구의 일부분이다. 이러한 국가론의 귀결점들은 무엇인가? 가장 중요한 귀결점은 모든 정치, 모든 법적·정치적 제도와 모든 정치적 투쟁은 으뜸가는 중요성을 지닌 것이 아니라는 것이다. 정치는 무력하다. 정치는 경제적 현실을 결정적으로 바꿀 수 없다. 사법적·정치적 위상의 변화가 사회적 실재의 변화, 즉 생산수단과 계급 간의 관계의 변화와 보조를 같이 하도록 하는 것이 모든 현명한 정치적 행위의 유일한 임무는 아니더라도 그 주된 임무라는 것이다.

자본주의제도 아래서의 국가는 부르주아의 독재인 것처럼 사회혁명 후에 나타나는 국가는 프롤레타리아 독재가 된다. 그러나 이러한 옛 부르주아의 저항운동이 패배하자마자, 이 프롤레타리아 국가는 자기의 기능을 상실하지 않을 수 없다. 왜냐하면 프롤레타리아 혁명은 하나의 계급만 있는 사회로 인도하며 따라서 거기에는 계급독재가 있을 수 없는, 계급 없는 사회로 인도하기 때문이다. 모든 기능을 상실한 국가는 사라지지 않을 수 없다. "그것은 시들어 없어진다"고 엥겔스는 말했다.

마르크스의 국가론은 추상적이고 철학적임에도 불구하고, 그가 살던 역사적 시기에 대해 우리의 눈을 밝게 해주는 해석을 마련해 주고 있다. 포퍼는 소위 산업혁명이라는 것이 처음에는 생산의 물질적 수단의 혁명, 즉 기계의 혁명으로 나타나서, 그다음에 사회 계급구조를 변화시켜 새로운 사회체제를 발전시켰으며, 정치적 혁명과 법적 체계의 다른 변화들은 셋째 단계에야 비로소 나타났다고 하는 견해는 상당한 설득력을 가진다고 본다.

마르크스가 『자본론』을 쓰던 1863년에 노동자계급이 놓여 있던 상황에서 보자. 법률체계를 본다면 평등과 자유는 조금은 확립되었다. 그러나 실상은 어떠했던가. 경제적 사실만이 '실재'하며 법적 체계는 단순한 상부 구조에 불과했다. 그러므로 법률체계에 대해 계급적 지배의 도구에 지나지 않는다고 역설하는 마르크스를 잘못되었다고 욕만 할 수는 없다. 이런 결과 마르크스는 법률 체계의 개선으로부터는 별로 기대할 것이 없다는 입장에 서게 되었다. 이리하여 마르크스는 형식적 자유와 실질적 자유의 구별이라고 표현할 수 있는 생각에 도달했다.

포퍼는 마르크스가 묘사한 바와 같이 방만한 자본주의 제도가 정의롭지 못하며 비인간적임은 의심의 여지가 없다고 믿는다. 그러나 그것은 자유의 역설이라고 부르는 것에 의해서 해석해야 한다. 자유가 제한되지 않았을 때, 자유는 자멸한다. 무제한한 자유는 강자가 약자를 위협하여 그의 자유를 강탈할 자유까지 있다는 것을 뜻한다. 이것이 바로 모든 사람의 자유가 법으로 보장하는 한도 내에서, 국가가 자유를 제한해야 이유이다. 어느 누구도 타인의 자비심에 내맡겨져서는 안 된다. 모든 사람은 국가에 의해 보호받을 권리를 가져야 한다.

포퍼는 이러한 문제들이 경제적 영역에도 적용되어야 한다고 믿는다. 국가가 시민을 물리적 폭력으로부터 시달림을 받지 않도록 보호한다 하더라도, 국가가 경제적 힘의 남용으로부터 시민을 보호하지 못한다면 국가는 목적을 달성할 수 없을 것이다. 그러한 국가에서는 경제적 강자는 경제적 약자를 괴롭히고, 약자로부터 그의 자유를 마음대로 강탈해 갈 수 있다. 자유가 안전하게 지켜지길 원하면, 무제한한 경제적 자유의 정책은 국가의 계획경제 간섭에 의해 대체되어야 한다고 요구해야 한다. 방만한 자본주의는 경제적 간섭주의에 굴복해야 한다. 이것이 바로 그동안 일어난 사태이다.

포퍼는 방만한 자본주의를 통제하려는 마르크스주의는 스스로 과학 이상의 역할을 수행하려는 것으로 평가한다.

그것은 역사적 예언을 하는 것 이상이다. 그것은 실제적인 정치적 행위의 기초라고 주장한다. 그것은 현존하는 사회를 비판하며 보다 좋은 사회로의 길을 인도한다고 주장한다. 그러나 마르크스의 이론에 따르면, 우리는 경제적 현실을 법률적 개혁에 의해 바꿀 수 없다. 정치는 '해산의 고통을 단축하고 경감하는 것' 이상의 일은 못 한다(II.180).

그렇지만 포퍼는 이것이 대단히 빈약한 정치적 프로그램

이라고 생각한다. 그 빈약성은 권력의 위계에서 정치권력에 제3등급의 위치밖에 부여하지 않는 그 이론에 있다. 마르크스의 견해에 의하면, 참된 힘은 기계적 진보에 있으며, 그다음 중요한 것은 경제적 계급관계의 체제이며, 마지막이 정치적 영향력이다.

포퍼는 정치적 힘에 대한 마르크스의 경멸적인 태도가 뜻하는 것은 그가 경제적 약자의 복지를 가져오는 가장 중요한 가능한 수단들에 관한 이론을 개발하는 데 게을리 했으며, 인간의 자유에 대한 가장 강력한 잠재적 위험에 대해서도 주의 깊게 생각하지 못한 것이라고 해석한다.

경제적 힘이 모든 악의 뿌리에 놓여 있다는 독단은 없애 버려야 한다. 오히려 모든 악의 뿌리에 놓여 있는 것은 모든 형태의 통제되지 않은 힘이라는 사실을 우리는 이해하여야 한다. 돈 자체가 특별히 위험한 것이라고는 볼 수 없다. 그것이 위험스러운 것이 되는 것은 돈이 직접 권력을 살 수 있든가, 살기 위해 자신을 파는 경제적 약자를 노예화함으로써 권력을 간접적으로 살 수 있을 때이다(II.183).

이 점에 관한 한 마르크스주의자들에 대한 포퍼의 비판은 매우 통렬하다. 마르크스주의자들은 점증하는 국가권력의 정책에 숨어 있는 위험을 제대로 깨닫지도 못했다. 그들이 어느 정도 무의식적으로 정치무력론을 포기했다 하더라도 그들이 아직 견지하는 견해는 국가권력은 아무런 중요한 문제도 제기하지 않으며 그것이 부르주아의 손에 있을 때만 슬픈 일이라는 것이다. 모든 힘, 그리고 경제적 힘에 못지않게 정치권력도 위험스럽다는 것을 깨닫지 못했다. 그리하여 그들은 프롤레타리아 독재의 공식을 그대로 유지하고 있다. 그들은 모든 대규모의 정치는 제도적인 문제이지 사람의 문제가 아니라는 원칙을 이해하지 못했다. 그들이 국가권력의 확장을 박수갈채로 환영하였을 때, 그릇된 인간이 이 확장된 권력을 언젠가 쥐게 될 수 있으리라는 것을 미처 생각하지 못했다. 이것을 제대로 깨닫지 못한 까닭으로 그들은 경제문제에서 실제로 무제한의 권력을 국가가 가지도록 계획했다.

포퍼는 다음과 같이 주장한다. 여기서 우리가 알 수 있는 것은 자유의 역설만 있는 것이 아니라 국가계획의 역설도 있다는 것이다. 우리가 계획을 너무 많이 하면, 우리가 국가에 너무 많은 권력을 부여하면, 자유가 상실된다. 이것은 계획의 종말이 될 것이다. 이러한 고찰은 우리에게 점진적 사회공학의 필요성을 느끼게 하며, 유토피아적 혹은 전체적 방법을 거부하게 한다. 또한 이런 고찰은 어떤 이상적 선을 수립하는 것보다 구체적인 악과 투쟁하는 방안을 강구해야 한다는 견해를 갖게 한다. 국가간섭은 자유의 보호를 위해 꼭 필요한 것에만 제한되어야 한다.

그리하여 우리는 국가가 경제적으로 간섭하게 되는 두가지 전혀 다른 방법에 도달한다. 첫째는 보호제도의 '법률적 틀'을 설계하는 방법이다. 둘째는 통치자가 일시적으로 세워 놓은 목적들을 달성하기 위해 필요한 경우에, 국가의 권력기관이 어떤 범위 내에서 조처를 취하는 방법이다. 우리는 첫 번째 절차를 '제도적' 혹은 '간접적' 간섭이라 부르고 두 번째 것을 '대인적' 혹은 '직접적' 간섭이라고 말할 수 있다.

점진적 사회공학의 관점에서 볼 때 두 방법의 차이는 대단히 중요하다. 첫째의 제도적 방법만이 문제들을 토론과 경험에 의거하여 조정할 수 있게 한다. 그리고 그것만이 정치적 행위에 시행착오 방법을 적용할 수 있게 한다. 그것은 장기적이다. 이것과 반대로, 대인적 간섭방법은 사회생활에 예측불가능의 요소를 자주 많이 끌어들여 사회적 삶에 대한 불안감을 조성한다. 그러나 가장 중요한 실수는 말할 것도 없이 두 방법의 차이의 중요성이 제대로 이해되지 않았다는 데 있다. 포퍼는 그것을 제대로 이해하는 길이 플라톤과 헤겔 그리고 마르크스의 추종자들에 의해 막혀 있다고 설명한다. 그는 '누가 통치자가 되어야 할 것인가' 하는 해묵은 물음은 '통치자들을 우리가 어떻게 길들일 수 있을까' 하는 보다 실질적인 물음으로 대체되어야 한다는 것을 그들 추종자들은 깨달을 수 없었다고 비판한다.

마르크스의 예언

제8장 사회주의의 도래

경제적 역사법칙주의는 사회의 임박한 변화를 분석하려고 마르크스가 사용한 방법이다. 마르크스에 의하면 모든 사회적 체제는 스스로 패망하게 마련이라는 것이다. 왜냐하면 그것은 역사의 다음 시대를 낳는 힘을 창출해야 하기 때문이다.

마르크스의 방법에 의하면, 자본주의를 파괴하거나 변형시키는 본질적 힘은 생산의 물질적 수단의 진보에서 찾아야 한다는 것이다. 일단 이 근본적인 힘이 발견되면, 그것이 계급 간의 사회적인 여러 관계와 사법적·정치적 체제에 미치는 영향이 무엇인가를 추적할 수 있다. 마르크스는 그의 필생의 걸작인 『자본론』에서 그러한 근본적인 경제적 힘과 그가 '자본주의'라 부른 시대의 자살적인 역사적 경향을 분석하려고 시도하였다. 그가 다룬 역사적 시대와 경제적 체제는 18세기 중엽에서 1867년에 이르기까지 서부 유럽, 특히 영국이었다. 마르크스가 그 책의 서문에서 밝힌 바와 같이, "이 책의 궁극적 목적은 현대 사회의 경제운동 법칙을 파헤치는 것이다."

마르크스의 역사적 예언은 하나의 꽉 짜인 논증으로 볼 수 있다. 그러나 포퍼는 『자본론』은 자본주의의 근본적인 경제적 힘과 계급 간의 관계에 미치는 경제적 영향에 대한 분석만 상세히 제시하고 있다고 설명한다. 포퍼는 이 부분을 논증의 첫째 단계라고 부른다. 그가 둘째 단계, 셋째 단계라고 부르는 대목은 윤곽만 나타났을 뿐이다. 둘째 단계는 사회적 혁명은 불가피하다는 결론에 도달하며, 셋째 단계는 계급 없는 사회, 즉 사회주의적 사회의 출현을 예측한다. 이 장에서는 우선 마르크스의 논증의 세 단계에 대해 좀 더 분명히 말하고, 셋째 단계에 대해 상세한 검토를 하겠다. 그리고 둘째 단계와 첫째 단계는 다음에 따라오는 두 장에서 각각 논의하려고 한다. 이렇게 순서를 뒤집어 논의하는 것은 상세한 비판적 검토를 위해서는 가장 좋은 방법이 될 것이다.

마르크스의 논증의 셋째 단계에 관한 논의는 이렇다. 자본주의의 발전은 소수의 부르주아 계급과 거대한 프롤레타리아 계급 이외의 모든 계급을 제거하기에 이르며, 빈곤과 비참의 증가는 프롤레타리아로 하여금 그들의 착취자들에게 저항하도록 한다. 이러한 전제로부터 두 가지의 결론이 도출되는데, 그 첫째는 노동자들은 그 투쟁에서 반드시 승리하며, 둘째로 노동자들은 부르주아를 제거함으로써 계급 없는 사회를 수립하게 된다. 왜냐하면 오직 하나의 계급만 남게 되기 때문이다.

우선 포퍼는 위의 마르크스의 셋째 단계의 논증에서 전제들로부터 결론이 도출된다는 것을 인정한다. 부르주아의 수가 적을 뿐 아니라 그들의 물질적 존재, 그들의 신진대사는 프롤레타리아에 의존한다. 착취자인 놀고먹는 자들은 피착취자가 없이는 굶어 죽는다. 여하튼 피착취자가 착취자를 파멸시키면, 놀고먹는 자로서의 자기의 생업도 종지부를 찍게 된다.

그러나 포퍼는 마르크스 식의 역사발전에서 가장 일어나기 쉬운 사태는 오히려 다음과 같으리라고 주장한다. 혁명에 승리할 때 실제로 힘을 쥐고 있던 사람들이 새로운 계급, 새로운 사회의 새 통치계급, 신종의 귀족주의사회 내지 관료사회의 통치계급을 형성할 것이다. 왜냐하면 어떤 집단의 노동자들이 다른 집단의 노동자를 착취하는 것 같은 특권을 누릴 수 있기 때문이다.

만일 사회주의가 마르크스가 말한 방만한 '자본주의'에 대한 유일한 후속자라는 것을 증명하려 한다면, 우리는 오직 역사적 사실들을 지적함으로써 그의 논증을 격파할 수 있다. 자유방임주의가 이미 지구의 표면으로부터 사라졌으나, 그것을 대체한 것은 마르크스가 말한 대로의 사회주의 혹은 공산주의 체제가 아니다. 간섭주의는 여러 가지 형태를 지니고 있다. 러시아적 양식이 있으며, 파시스트 전체주의적 형태가 있다. 그리고 영국과 미국 그리고 스웨덴을 필두로 하는 '작은 민주주의 국가'의 민주주의적 간섭주의가 있는데 그 민주주의적 간섭의 기술은 최고의 수준에 도달해 있다. 오늘날 이와 같은 여러 형태로 발전한 간섭주의의 시작은 마르크스가 살던 시대에 영국의 공장입법에서 비롯하였다.

오늘날 민주주의 국가의 경제체제를 마르크스가 '자본주의'라고 이름붙인 체제와 동일시하는 것이 얼마나 어처구니없는 일인가를 포퍼는 다음과 같이 논증한다.

현대 민주국가의 경제체제를 공산주의 혁명의 10대 강령과 비교해 봄으로써 곧 알 수 있을 것이다. 이 강령 가운데 대수롭지 않은 것은 빼놓고 보면 … 민주주의 국가에서는 이 강령의 대부분이 완벽에 가깝거나 상당한 정도로 실천에 옮겨져 있음을 알 수 있다. 그리고 그와 함께 마르크스가 미처 생각해 보지도 못한 아주 중요한 조치들이 사회보장의 방향으로 취해져 왔다. 마르크스의 강령 가운데 몇 가지 조항만 열거해 보면 이렇다. 2. 누진적 중과세(실천되었음), 3. 모든 상속권의 폐지(무거운 상속세에 의해 대체로 실현되었음), … 6. 통신과 교통수단의 국가의 중앙통제(… 대부분의 '작은 민주주의 국가'에서 실현되었음), 7. 국가가 소유한 생산도구와 공장의 수와 규모를 늘릴 것('작은 민주주의 국가'에서 실현되었는데, 이것이 항상 좋은 것인지는 의문의 여지가 있음), 10. 모든 아동을 공립(즉 국립) 학교에서 무료로 교육할 것, 현행 형태의 모든 아동의 공장노동을 폐지할 것(첫째 요구는 '작은 민주주의 국가'에서 실현되었으며, 어느 정도까지는 실제로 어디에서나 실현되었다. 그리고 두 번째 요구는 지나칠 정도로 실현되었다)(II.202).

제9장 사회혁명

마르크스의 예언적 논증의 둘째 단계(사회적 혁명은 불가피하다는 결론)의 전제는 자본주의는 그 수가 점점 줄어드는 부르주아의 부의 증가와, 그 수가 점점 늘어나는 노동계급의 빈곤의 증가를 초래한다는 가장 적합한 가정이다. 이러한 전제로부터 도출되는 결론은 두 부분으로 나뉜다. 그 첫째 부분은 자본주의의 계급구조의 전개에 관한 예언으로 다음과 같다. 부르주아와 프롤레타리아를 제외한 모든 계급, 특히 소위 중산계급은 사라지게 마련이며 부르주아 계급과 프롤레타리아 계급 사이에 점증하는 긴장의 결과로 프롤레타리아 계급은 점점 더 계급 의식화하며 더욱 단결력이 강하게 된다. 그 둘째 부분은 이러한 긴장은 도저히 제거될 수 없으며 따라서 그것은 프롤레타리아 사회혁명으로 귀결될 것이라는 예언이다. 포퍼는 이 두 가지 결론 가운데 어느 것도 그 전제로부터 도출되지 않는다고 논의한다. 그의 비판은 앞 장과 대체로 비슷하다. 즉 그는 마르크스의 논증이 여러 가지의 발전가능성을 간과하고 있다는 것을 다음과 같이 제시한다.

그 논증이 보여주는 것은 차라리 적어도 분열의 가능성이 있다는 것과, 농업노동자는 때로 그의 주인인 자작농이나 소작농에게 너무 의존해 있기 때문에 산업프롤레타리아와 공동노선을 취하기 어렵다는 것이다. 두 계급 사이의 분명한 구별이 나타나리라고 주장하는 마르크스의 예언과는 반대로 그의 가정으로부터 다음과 같은 계급구조가 나타날 수도 있다는 것을 우리는 발견한다. ① 부르주아, ② 대지주, ③ 기타 지주들, ④ 농촌노동자, ⑤ 새 중산계급, ⑥ 산업노동자, ⑦ 천민 노동자. 그리고 이러한 사태의 발전은 산업노동자들의 단결을 저해할 수도 있다. 그러므로 우리는 마르크스의 논증의 둘째 단계의 첫 번째 결론은 도출되지 않는다고 말할 수 있다.

자본주의 다음에 사회주의가 뒤따라온다는 것을 직관적으로 확실한 것으로 받아들이고 나면, 사회혁명이라는 말에 대한 이런 설명은 꽤 만족스러운 것일는지도 모른다. 그러나 사회혁명의 교설을 사회주의 도래를 입증하는 과학적 논증의 일부로 사용하려고 하기 때문에, 이 설명은 매우 불만족스럽다. 그런 논증에서 사회혁명을 사회주의로 가는 전환과정으로 특징지으려고 한다면, 그 논증은 다음과 같은 의사의 논증처럼 순환논증이 되고 만다. 어떤 환자의 사망을 한 의사가 예측했는데 어떤 근거에서 그런 예측을 했

냐고 물으니까, 자기는 그 병의 징후도 모르며 그 밖에 아무것도 알지 못하고, 다만 자기가 아는 것은 오로지 그 병이 '치명적인 병'이 될 것이라는 것뿐이라고 하였다는 사례이다.

사회혁명에 대한 그들의 해석에서 우리는 두 종류의 중요한 마르크스주의자를 발견할 수 있는데 급진파와 온건파이다. 급진파는 이렇게 주장한다: 마르크스에 의하면 모든 계급적 통치는 필연적으로 독재, 즉 폭군의 정치이다. 참된 민주주의는 그러므로 계급 없는 사회의 수립에 의해서만, 필요하다면 폭력에 의해서 자본주의 독재체제를 전복시킴으로써만 성취될 수 있다. 온건파는 이 견해에 동의하지 않고 이렇게 주장한다: 민주주의는 자본주의제도 아래서도 어느 정도 실현될 수 있다. 그러므로 평화적이고 점진적인 개혁에 의해 사회혁명을 수행하는 것이 가능하다. 그러나 이런 온건파도 그와 같은 평화적 발전은 불확실하다고 말한다. 민주주의 전쟁터에서 노동자에게 패배할 전망이 보일 때 부르주아는 폭력에 호소하게 될 것이다. 이때 노동자들이 폭력적으로 그들을 보복하여 노동자 정부를 수립하는 것은 정당화된다고 그들은 지적한다.

우리가 가능한 한 마르크스의 본래의 이론을 많이 보존하면서 마르크스의 후기 견해와 온건파의 견해에 맞추어 수정된 논증을 구성하려 한다면, 노동계급은 현재 다수의 백성을 대표하며 혹은 언젠가 그렇게 될 것이라는 주장에서 나온 논증에 도달할 것이다. 그 논증은 아래와 같이 될 것이다. 자본주의는 사회혁명에 의해 변형될 것이다. 사회혁명은 자본가와 노동자 사이의 계급투쟁의 진행을 의미한다. 이 혁명은 점진적 민주적 방식에 의해 진행되거나 폭력적으로 진행되거나 혹은 점진적 방법과 폭력적 방법이 단계마다 교체되며 진행될 수도 있다. 이 모든 것은 부르주아의 저항에 따른다.

이런 논증에 대해 포퍼는 다음과 같이 비판한다. 이러한 온건하고 수정된 형태에 있어서도 예측은 불가능하다는 것을 깨달아야 한다. 그 이유는 이렇다. 점진적 개혁의 가능성이 일단 인정되면 빈곤이 증가한다는 이론은 포기해야 한다. 그와 함께 산업노동자는 언젠가 '엄청난 다수'를 형성하게 된다는 주장이 그럴듯해 보이는 것도 자취를 감추게 된다.

　민주주의는 다음과 같은 규칙으로 요약될 수 있는 기능을 갖는다고 믿을 때만 제대로 작동할 수 있는 이념이기 때문이다.

　① 총선거 제도가 가장 중요하지만, 민주주의를 다수에 의한 지배라고 해서는 그 특징을 완전히 설명한 것이라고 볼 수 없다. 왜냐하면 다수가 폭군적 방식으로 통치할 수도 있기 때문이다. … 민주주의에 있어서는 지배자의 힘이 제한되어야 한다. 민주주의의 기준은 이렇다. 민주주의에 있어서 지배자 ―즉 정부― 는 피를 흘리지 않고 피지배자에 의해서 교체될 수 있어야 한다. 그러므로 권력을 쥔 사람들이 소수에게 평화적 정권교체의 가능성을 확보해 주는 제도적 틀을 잘 지켜 주지 않을 때는 그들의 통치는 폭정이다.
　② 우리는 오직 두 가지 정부형태를 구별할 필요가 있다. 그런 제도적 틀을 가진 정부와 그 외의 것들, 즉 민주주의 정부와 폭군체제.
　③ 일관성 있는 민주헌법은 그 법체계에서 한 가지의 변화,

즉 그 헌법의 민주적 성격을 위협하는 변화만은 꼭 배제해야
한다.

④ 민주주의에서 소수의 완전한 보호는 위법자들에게까지
확대되어서는 안 된다. 특히 그것은 민주주의를 폭력으로 전
복하는 데 타인을 교사하는 사람들에게까지 확대되어서는
안 된다.

⑤ 민주주의를 보장하는 제도적 틀을 짜는 정책은 지배자와
피지배자들에게 모두 반민주적 경향이 잠재할 수 있다는 가
정 위에서 수행되어야 한다.

⑥ 민주주의가 파괴되면 모든 권리도 파괴된다. 비록 피지배
자가 누리는 어떤 경제적 이익이 계속된다 하더라도, 그것은
오직 눈을 감아주기 때문에 지속될 수 있을 뿐이다.

⑦ 민주주의는 폭력 없는 개혁을 허락하기 때문에, 민주주의
는 모든 합리적 개혁을 위한 말할 수 없이 값진 전투장을 마
련해 준다(II.227).

포퍼는 이제 '누가 국가권력을 행사하느냐' 하는 물음은
'어떻게 권력이 행사되느냐' 하는 질문과 '얼마만큼 권력이

행사되느냐'는 질문에 비해서 별로 문제가 안 된다는 것을
우리가 배워야 할 때가 왔다고 말한다.

제10장 자본주의와 그 운명

마르크스의 교설에 의하면, 자본주의는 멸망을 초래할
수 있는 내적 모순으로 허덕이고 있다. 이러한 모순과 그
모순이 사회에 작용함으로써 나타나는 역사적 운동에 대한
상세한 분석이 예언적 논증의 첫 단계를 구성한다. 이 첫
단계가 그의 전 이론의 가장 중요한 부분일 뿐 아니라, 그
가 그의 노력의 대부분을 바친 대목이다. 실제로『자본론』
의 3권 전부가 그 문제에 대한 상론에 바쳐지고 있다. 그것
은 또한 그 논증 가운데 가장 덜 추상적인 단계이다. 왜냐
하면 그것은 그가 살던 시대의 경제체제인 방만한 자본주
의 경제체제에 대한 통계를 바탕으로 한 기술적 분석 위에
자리 잡고 있기 때문이다.

자본주의 경쟁은 자본가의 일손을 억지로 움직이게 한다
고 마르크스는 믿는다. 그것은 자본가로 하여금 자본을 축
적하도록 한다. 자본의 축적은 이윤의 저하를 초래하기 때

문에 자본가가 자기 자신의 개인적 이익과는 반대로 일한다 하더라도 그는 역사적 발전의 이익을 위해 일한다. 그는 자기도 모르는 사이에 경제적 진보와 사회주의를 위해 일한다. 이것은 다음과 같은 사실에 연유한다. 자본의 축적은 (a) 생산성의 증가, 부의 증가, 소수의 손으로의 부의 집중, (b) 빈곤과 비참의 증가를 의미한다. 노동자들은 겨우 목숨을 유지하거나 굶어죽을 정도의 임금밖에 못 받는데, 그것은 주로 '산업예비군'이라고 불리는 잉여노동자들이 임금을 그렇게 최저 수준에 머물게 하는 데 도움이 되기 때문이다. 그리고 경기순환은 일정 기간 동안 산업성장을 통해서 잉여 노동자들의 흡수를 막는다. 자본가들이 그것을 바꾸어 보려고 한다 하더라도 그렇게 될 수 없다. 왜냐하면 그들의 이윤율의 저하는 그들 자신의 경제적 위치를 취약하게 만들기 때문에 어떤 효과적인 행동을 제대로 할 수 없기 때문이다. 이와 같이 자본축적은 사회주의로 향하는 기술적, 경제적, 역사적 발전을 촉진시키기는 하지만 그것은 결국 자살적이며 자기모순적인 과정임이 드러난다.

첫 단계의 가정들은 자본주의 경쟁법칙과, 생산수단의

축적법칙이다. 여기서 나온 결론은 부와 비참의 증가법칙
이다. 포퍼는 이 전제들과 결론에 대한 설명으로 그의 논의
를 시작한다.

마르크스의 분석에 의하면, 이미 서술한 과정인 경쟁에
기인한 축적은 두 가지 측면을 가지고 있다. 그 하나는 자
본가들이 경쟁에서 살아남기 위해서 자본을 더욱더 축적하
고 집적하지 않을 수 없게 한다. 이것은 실제로 더 많은 자
본을 더 새로운 기계에다 더 많이 투자함으로써 노동자들
의 생산성을 증가시키게 됨을 뜻한다. 자본축적의 다른 측
면은 더 많은 부를 여러 종류의 자본가와 자본가 계급에 집
적한다는 점이다.

마르크스가 관찰한 부의 축적과 집적의 경향이 있다는
것은 의심할 나위가 없다. 그리고 그의 생산성 증가 이론
또한 나무랄 데가 없다. 기업의 성장이 그 생산성에 미치는
유익한 효과에는 한계가 있다 하더라도, 기계의 개량과 축
적이 지닌 유익한 효과에는 한계가 있을 수 없다. 그러나
자본이 소수의 손에 집중되는 경향에 관해서는 문제가 그
렇게 단순치 않다. 방만한 자본주의에 대한 기술로서의 마

르크스의 분석에 대해서는 별로 커다란 이론異論을 제기할 수 없다. 그러나 마르크스의 이론을 하나의 예언으로 간주하면 문제가 있다. 왜냐하면 입법에 의해 관여할 수 있는 여러 가지 수단이 있다는 것을 우리는 알고 있기 때문이다.

마르크스가 이러한 예언을 수립하기 위해 동원한 사상을 포퍼는 크게 네 가지로 나눈다. 그것을 포퍼는 ① 가치론, ② 잉여인구가 임금에 미치는 영향, ③ 경기순환, ④ 이윤율 저하의 영향으로 나누어 취급하고자 한다.

잉여가치론은 노동가치설의 범위 안에서 '자본가가 어떻게 자기의 이윤을 만들어 내는가?' 하는 질문에 답하려는 하나의 시도이다. 공장에서 만들어진 상품이 시장에서 그 상품의 참된 가격, 즉 그 상품의 생산에 필요한 노동시간 수에 따라 팔린다고 가정을 하면, 자본가가 이윤을 낼 수 있는 유일한 길은 그 생산품의 제값보다 적게 노동자에게 임금을 지불하는 것뿐이다. 그러므로 노동자가 받는 임금은 그가 노동한 시간수와 동등하지 않은 값을 나타낸다. 그러므로 우리는 노동자의 노동시간을 두 부분으로 나눌 수 있다. 그 하나는 그가 받는 임금에 상응하는 값을 생산하는

데 바친 시간과, 다른 하나는 자본가에게 가치를 생산해 준
데 바친 시간이다. 그리고 이에 따라 우리는 노동자가 생산
한 모든 가치를 두 부분으로 나눌 수 있다. 그의 임금과 동
등한 가치와 잉여가치라고 부르는 그 나머지 가치가 그것
이다. 이 잉여가치는 자본가에 의해 점유되는데, 그것이 자
본가의 이윤의 기초이다.

　포퍼는 마르크스의 분석에 결함이 있다 하더라도, 착취
의 현상을 설명하려고 한 그의 노력은 가장 큰 존경을 받을
만하다고 평가한다. 그러나 지적해야 할 것은, 그가 관찰한
상태가 혁명에 의해서가 아니고는 변화되지 않는 영구적인
것이며, 그것은 차츰 더 악화되어 갈 것이라고 예언한 것은
잘못되었다는 점이다. 사실들이 그 예언을 반증했기 때문
이다. 한 걸음 더 나아가 그의 분석이 방만한, 비간섭적 체
제에 대해서는 타당하다는 것을 인정한다 하더라도 그의
예언적 논증은 완전치 못하다. 왜냐하면 마르크스의 분석
에 의하면 비참이 증가하는 경향은 자유노동시장, 즉 완전
히 통제되지 않은 방만한 자본주의 체제 아래서만 나타나
기 때문이다. 그러므로 비참이 증가한다는 역사법칙의 도

출은 타당치 않다. 남아 있는 것은 백여 년 전에 만연하였던 노동자들의 참상에 대한 감동적인 묘사와, 레닌이 '마르크스의 현대사회의 경제적 운동 법칙'이라고 부른 법칙에 기초하여 그 참상을 설명하려고 했던 영웅적인 시도이다. 그러나 그것을 하나의 역사적 예언으로 보며, 어떤 역사적 전개과정의 '불가피성'을 도출하는 데 사용된다면, 그 도출은 타당치 않다.

잉여인구가 임금에 미치는 영향에 관해서 말하자면, 마르크스의 분석의 커다란 의의는 그가 살던 시대와 우리가 사는 시대에까지도 잉여인구가 있다는 사실에서 나타난다. 우리는 지금까지 마르크스의 아래와 같은 주장을 뒷받침하는 그의 논증에 대해 토론하지 못했다. 고용된 노동자들의 노임을 저임금 상태에 묶어 두는 데 필요한 잉여인구를 항상 창출해 내는 것은 자본주의 생산의 기제 자체이다. 그러나 이러한 이론은 착상이 좋아서 그 자체로서 흥미 있는 것일 뿐 아니라, 동시에 그것은 마르크스의 경기순환론과 일반적 불경기론을 포함하고 있는데, 그 이론은 분명히 자본주의가 산출하는 그 참을 수 없는 비참 때문에 자본주의 체제는 파멸한다는 예언과 관련을 맺고 있다.

　　마르크스가 살던 시대에는 지금 '역경기순환정책counter-cycle
　policy'이라고 부르는 국가간섭의 기법을 아무도 생각조차 하
　지 않았다. 그러한 생각은 방만한 자본주의에서는 완전히 낯
　선 것이었음이 틀림없다. … 그러나 실업보험은 간섭과 국가
　책임의 증가를 의미하며 그것은 역경기순환정책의 실험으
　로 이어질 수도 있다. … 마르크스는 통제되지 않은 자본주
　의는 연구하였으나 간섭주의는 꿈도 못 꾸었다. 그러므로 그
　는 경기순환에 대한 체계적인 관여의 가능성을 연구하지도
　않았다. 더구나 그 불가능성에 대한 증명을 제시하지 않았음
　은 말할 것도 없다(II. 252).

　　마르크스시대 이후에는 세계 어디에서나 고용된 노동자
들의 생활수준은 향상되어 왔다. 그리고 고용된 노동자의
실질 임금은, 불경기에는 임금보다 물가가 급격히 하락하
기 때문에, 증가하는 경향이 있다. 이것은 마르크스에 대한
명백한 논박이 아닐 수 없다. 그것은 실업보험의 주된 부담

을 노동자가 아니라 기업가들이 짊어지게 됨으로써 기업가는 실업을 통해서 간접적으로 이득을 얻는다기보다 직접적으로 손실을 보게 된다는 것을 증명하기 때문이다. 그러나 마르크스의 틀 안에서는 이와 반대로 이득을 본다는 것이었다.

이제까지 논의한 마르크스의 이론 속에는 예언적 논증의 첫 단계에서 가장 결정적인 역할을 하는 논점을 증명하려는 논증은 없었다. 그 논증은 이렇다. 자본축적은 자본가에게 강력한 경제적 압력을 가하게 되며, 자본가는 자기가 망하지 않으려고 그 압력을 노동자들에게 넘겨준다. 그리하여 자본주의는 파괴될 뿐 개혁될 수 없다. 이 논점에 대한 증명은 그의 예언의 네 번째 근거인 이윤율 하락의 영향과 관련이 있다. 즉 이윤율은 하락하는 경향을 가지고 있다는 법칙을 확립하려는 마르크스의 이론 속에 포함되어 있다.

마르크스는 그것이 다음과 같이 관련되어 있다고 본다. 이윤율이 하락하면 자본가는 멸망에 직면한다. 그가 할 수 있는 유일한 일은 '노동자로부터 이윤을 빼앗아 가려고 시도하는 일', 즉 착취를 늘리는 일이다. 그러기 위해 그는 노동시간을 연장하며, 일의 속도를 높이며 임금을 낮추며, 노동자의 생계비를 올리며 더 많은 부녀자와 아동을 착취한다.

경쟁과 이윤추구가 서로 충돌하는 사실 위에 기초한 자본주의의 내적 모순은 여기에 이르러 그 절정에 달한다. 이것이 주된 논증이다. 그것은 결정적일 수 있는가? 우리가 꼭 기억해 두어야 할 것은 생산성의 증가가 바로 자본주의적 착취의 기초라는 점이다. 즉 노동자가 자기 자신과 그 가족이 필요한 것 이상으로 생산할 수 있을 때만, 자본가는 잉여노동을 빼앗아가질 수 있다.

그러나 사실이 그렇다면, 자본가가 무엇 때문에 그가 싫든 좋든 노동자에게 떠넘기지 않을 수 없는 그런 경제적 압력 아래서 허덕여야 하는지 그 이유를 알 수 없다. 자본가가 그의 이윤율이 하락하는 것을 보기 좋아하지 않는다는 것은 아마도 사실일 것이다. 그러나 그의 수입이 떨어지지 않고 반대로 올라간다면 진짜 위험은 없다. 다시 말해서 그의 저축은 그가 소비하는 수입의 일부분보다 더 빨리 증가한다. 포퍼는 이런 상황은 자본가로 하여금 극단적인 행동을 취하게 하거나 노동자와의 협상을 불가능하게 하리라고 생각하지 않는다. 그와 반대로 그는 그것을 견딜 만한 것으로 본다.

마르크스 시대의 경제에 대한 마르크스의 처절한 묘사는 너무나 진실할 뿐이다. 그러나 비참이 축적과 함께 증가한다는 법칙은 타당치 않다. 마르크스의 시대 이후에 생산수단과 노동생산성은 그가 상상조차 할 수 없을 정도로 발전되어 왔다. 그리고 어린아이의 노동, 노동시간, 일의 고통, 노동자의 생존의 불안정 등은 증가하지 않고 오히려 줄어들었다 (II.257).

마르크스의 예언이 맞지 않는다는 것은 경험이 입증한다. 물론 경험이란 언제나 달리 설명될 수도 있다. 그래서 마르크스와 엥겔스는 교묘하게 꾸민 보조가설을 동원하여 그들이 예견했던 바와 같이 비참의 증가법칙이 왜 실현되지 않았는가를 설명하려고 시도했다. 이 보조가설에 따르면, 이윤율의 하락 추세, 그와 함께 비참의 증가는 식민지 착취의 영향, 보통 말하는 대로 하면 '현대 제국주의'에 의해서 저지되었다는 것이다. 식민지 착취는 경제적 압력을 정치적, 경제적으로 본국의 산업 프롤레타리아보다 더 취약한 식민지 프롤레타리아에게 넘겨주는 하나의 방법이다. 마르크스는 이렇게 말한다. "식민지에 투자된 자본은 더 많은 이윤을 거둬들인다. 그 이유는 자본주의가 아직 제대로 발전되지 않은 지역에서는 이윤율이 높으며, 거기다가 노예, 쿨리와 같은 하급노동자들이 노동착취의 좋은 대상이 되기 때문이다. 이러한 높은 이윤이 본국으로 보내져서 평균이윤율에 가산되어, 높은 이윤율을 유지케 하는 데 이바지하지 않을 이유가 어디 있겠는가."

포퍼는 위의 보조가설이 비참의 증가법칙을 구해 줄 수 있으리라고 믿지 않는다. 이 가설 자체가 경험에 의해 부정되기 때문이다. 예를 들면 스칸디나비아 반도의 민주국가들, 체코슬로바키아, 캐나다, 오스트레일리아, 뉴질랜드, 그리고 미국 같은 나라들은 식민지 착취의 영향이 없었거나 적어도 그 가설을 뒷받침하기에는 그 영향이 아주 보잘 것없는데도 불구하고, 민주주의적 간섭주의가 노동자들에게 높은 생활수준을 확보해 주었다.

제11장 예언에 대한 평가

포퍼는 마르크스의 역사적 예언을 밑받침하고 있는 논증들은 타당하지 않다고 결론짓는다. 현대 사회의 경제적 추세에 관한 관찰들로부터 예언적 결론을 도출하려는 그의 정교한 노력은 실패하였다. 그렇게 실패한 까닭은 그 논증의 경험적 토대가 충분하지 못하기 때문이 아니다.

예언자로서의 그의 실패의 이유는 전적으로 역사법칙주의 그 자체에 있다. 즉 우리가 역사적 추세같이 보이는 것을 오늘 관찰했다 하더라도, 그것이 내일에도 같은 현상으로 나타날 것인지는 알 수 없기 때문이다(II.266).

현대사회에 대한 마르크스의 사회학적 그리고 경제적 분석은 다소 편파적인 데가 있다고 볼 수 있으나, 그럼에도 불구하고 그것의 기술적記述的인 측면은 매우 탁월하다고 하지 않을 수 없다.

포퍼는 마르크스가 많은 것을 제대로 보았다는 것은 우리가 인정해야 한다고 말한다. 마르크스가 본 바와 같은 방만한 자본주의 제도는 그렇게 오래 계속되지 않을 것이고, 그것이 오래 가리라고 보는 자본주의 옹호론자들이 틀릴 것이라는 그의 예언만을 고려한다면, 그가 말한 것은 옳다고 말하지 않을 수 없다. 자본주의를 새로운 경제체제로 변화시킬 수 있는 것은 계급투쟁, 즉 노동자들의 연합이라는 그의 주장은 또한 옳다. 그러나 마르크스가 그 새로운 체제인 간섭주의를 사회주의라는 다른 명칭으로 예언했다고 말하는 것은 옳지 않다.

마르크스의 예언으로 다시 돌아가자. 그가 발견했다고 주장하는 역사적 추세는 무엇보다도 지속적인 성질을 지니고 있다. 여기서 말하는 추세는 생산수단의 축적과 노동생산성의 증가 추세이다. 우리가 문명을 지속하는 한 이러한 추세는 계속되리라고 본다. 이렇게 대단히 성공적인 중요한 예언을 놓고서도 역사법칙주의의 빈곤을 말하는 것은 정당한 일인가? 마르크스의 역사적 예언이 부분적으로 성공적이라면 우리가 그의 방법을 그렇게 가볍게 물리칠 수는 없을 것이다.

그러나 마르크스의 성공적인 사례를 자세히 들여다보면

그를 성공으로 이끈 것은 역사법칙주의 방법이 아니라 제도적 분석법임을 알 수 있다. 자본가가 경쟁 때문에 생산성을 증가시키지 않을 수 없다는 결론을 내리게 한 것은 역사법칙주의적 방법이 아니라 전형적인 제도적 분석이다. 마르크스는 제도들과 그 기능들을 분석하는 한에서만 성공적이었다. 그리고 그 반대 또한 옳다. 그의 야심적인 광대한 역사적 예언들은 어느 것도 제도적 분석의 영역 안에 들어 있지 않다. 따라서 그러한 분석에 의해서 그 예언들을 뒷받침하려고 하면, 그 결론은 타당치 않다.

마르크스의 윤리

제12장 역사법칙주의의 도덕론

『자본론』에서 마르크스가 착수한 과제는 사회발전의 필연적 법칙을 발견하는 일이었다. 그러나 그것은 사회공학자에게 유용한 그런 경제법칙의 발견이 아니었다. 마르크스는 유토피아 공학과 그러한 사회주의적 목적에 대한 도덕적 정당화를 강력하게 반대하기는 하였지만, 그의 저술은 윤리설을 함축하고 있다. 그는 사회제도에 대한 도덕적 평가로써 자기의 윤리적 입장을 암암리에 표현하였다. 결국 마르크스의 자본주의에 대한 저주는 근본적으로 도덕적 저주이다.

마르크스는 자본주의를 그 속에 내재된 잔인하고 정의롭지 않은 것 때문에 저주한다. 왜냐하면 그 제도는 착취자로 하여금 피착취자를 노예화하여 그들에게서 두 가지 자유를 강탈해 가기 때문이다. 마르크스는 부에 항거하여 싸우는 것도 아니며 빈곤을 찬양하는 것도 아니다. 그는 자본주의를 증오했다. 부의 축적 때문이 아니라, 소수의 독점적 성격 때문이다.

철학자로서 전체론이라는 편견을 가지고 있었음에도 불구하고 그는 분명히 집단주의자는 아니다. 국가는 '시들어 없어진다'는 것이 그의 신념이었기 때문이다. 포퍼는 마르크스의 신앙은 근본적으로 열린사회에 대한 신앙이라고 믿었다.

마르크스의 행동주의라고 묘사될 수 있는 태도는 그의 『포이어바흐의 테제』의 마지막 부분에 분명하게 표현되어 있다. "철학자들은 세계를 여러 가지 모양으로 해석하기만 해 왔다. 그러나 문제는 세계를 변화시키는 일이다"와 같은 행동주의적 성향을 보여 주는 다른 구절들이 많이 있다. 그러나 우리가 아는 바와 같이, 마르크스의 이러한 강력한 행동주의적 경향은 그의 역사법칙주의에 의해 중화된다. 역사법칙주의의 영향을 받아 그는 예언자가 되었다. 적어도 자본주의 아래서는 '그 어쩔 수 없는 법칙'에 복종해야 하며, 우리가 할 수 있는 것은 '그 진화의 자연적 과정'의 '산고를 단축시키며 완화하는 것뿐이다.' 마르크스의 행동주의와 역사법칙주의 사이에는 넓은 심연이 놓여 있다.

앞 장들에서 포퍼는 도덕적 실증주의에 관해 언급했는데, 그것은 이런 이론이다. 지금 있는 도덕적 표준 이외에는 아무런 도덕적 표준이 없다. 지금 있는 것이 합리적이며 선한 것이다. 그러므로 힘이 정의다. 이 이론이 지닌 실제적 의미는 이것이다. 현존하는 사태에 대한 도덕적 비판은 불가능하다. 왜냐하면 현존하는 사태 자체가 도덕적 표준을 결정하기 때문이다. 우리가 지금 고찰하고 있는 역사법칙주의적 도덕론은 도덕적 실증주의의 또 다른 한 형태에 불과하다. 그것은 도래하는 힘이 정의라고 주장하기 때문이다. 미래가 현재 대신에 여기에 들어섰을 뿐이다. 이 이론의 실제적 의의는 이것이다. 다가오는 사태에 대한 도덕적 비판은 불가능하다. 왜냐하면 그 사태가 도덕적 표준을 결정하기 때문이다.

포퍼는 마르크스의 실천윤리에서 자유와 평등의 범주들이 주된 역할을 담당하고 있다고 본다.

결국 그는 1789년의 이상을 심각하게 여긴 사람 중의 하나다. 그와 동시에 그는 '자유'와 같은 개념이 얼마나 후안무치하게 왜곡될 수 있는가도 눈여겨보았다. 그는 사회를 개선하기를 원했다. 그가 뜻하는 개선은 더 많은 자유, 더 많은 평등, 더 많은 정의, 더 많은 생활보장, 더 높은 생활수준, 그리고 특히 노동자들에게 약간의 자유를 가져다 줄 노동시간의 단축 등을 말한다. 위선에 대한 그의 증오와 이러한 '높은 이상들'에 관해 말하기를 주저하는 그의 마음, 그리고 그와 함께 이 모든 것이 가까운 장래에 실현되리라는 그의 놀라운 낙관주의가 그로 하여금 저 역사법칙주의 이론 뒤에 그의 도덕적 신념을 숨겨 놓게 하였다(Ⅱ.287).

마르크스의 영향력을 설명해 주는 것은 이러한 그의 도덕적 급진주의이다. 그리고 그것은 그 자체 하나의 희망적인 사실이다. 이러한 도덕적 급진주의는 아직도 살아 있다. 포퍼는 그것을 계속 살아 있게 하는 것이 우리의 임무이며, 그것이 그의 정치적 급진주의가 걸어간 길을 걷지 않도록 방지하는 것도 우리의 임무라고 말하면서, '과학적' 마르크스주의는 이제 죽었다고 결론짓는다. 그러나 포퍼는 마르크스주의의 사회적 책임감과 자유에 대한 사랑만은 계속 살아남아야 한다고 덧붙여 말한다.

그 여파들

제13장 지식 사회학

헤겔과 마르크스의 역사법칙주의 철학은 그들이 살고 있던 사회적 전환시대의 특징적 산물이라는 것을 부정하기는 어려울 것이다. 헤라클레이토스와 플라톤의 철학과 같이,

그리고 콩트와 밀과 라마르크와 다윈의 철학과 마찬가지로 그것들은 변화의 철학이다. 그리고 그것들은 그러한 격변하는 사회적 환경이 그 속에 살고 있던 사람들의 마음속에 얼마나 엄청난 공포를 자아내는 영향을 미쳤는가를 증언해 준다.

더 급속한 변화의 시대인 오늘에 있어서 우리가 발견하는 것은 그 변화를 예측하려 할 뿐 아니라, 중앙집권적인 대규모 계획에 의해서 그것을 통제하려는 욕망들이다. 이러한 전체론적 견해는, 플라톤과 마르크스 이론의 절충이라고 볼 수 있다. 변화를 정지시키려는 플라톤의 의지와 변화의 불가피성을 말하는 마르크스의 교설을 일종의 헤겔식 종합으로 결합시키면 이런 주장이 된다. 변화를 전적으로 정지시킬 수 없기 때문에 변화는 적어도 '계획되어야 하며, 막강한 권력을 가진 국가에 의해 통제되어야 한다.'

마르크스주의는 우리의 도덕적 견해와 과학적 이론을 포함한 우리의 모든 생각은 계급적 이해, 더 일반적으로 말하면, 우리 시대의 사회적·역사적 상황에 의해 결정된다고 본다. 이러한 교설은 '지식사회학' 혹은 '사회학주의'라는 명칭으로 최근에 막스 셸러와 칼 만하임에 의해 과학적 지식의 사회적 결정이론으로서 개발되었다. 지식사회학은 이렇게 주장한다. 과학적 사상, 특히 사회적이며 정치적인 문제에 대한 사상은 진공 속에서가 아니라 사회적으로 결정되는 분위기 속에서 이루어진다. 그것은 대부분 무의식 혹은 잠재의식적 요소에 의해 영향을 받는다. 이러한 요소들은 그 사상을 만들어 내는 사람의 관찰적 시야에는 들어오지 않는다.

포퍼는 지식사회학을 칸트 인식론의 헤겔 판이라고 해석한다. 왜냐하면 그것은 칸트가 비판한 수동적 인식론과 같은 노선 위에 있기 때문이다. 여기서 수동적 인식론이라고 하는 것은 흄까지를 포함한 경험론자들의 이론을 말하는데, 그 이론은 대략 이렇게 표현될 수 있다. 지식은 우리의 감각기관을 통하여 우리 속에 밀려들어온다. 그리고 우리에게 오류가 있다면 그것은 우리가 감관을 통해 주어진 자료에 관여했거나 감각자료와 결부되어 나타난 연상 때문이다. 그러므로 오류를 피하는 최선의 방법은 완전히 수동적이며 또한 수용적이어야 한다. 이러한 지식 용기설에 반대하여 칸트는 이렇게 주장했다. 지식은 감관에 의해 접수되어 박물관과 같은 마음에 저장되는 선물의 한 다발이 아니라, 그것은 거의가 우리들의 정신적 활동의 결과이다. 우리가 지식을 얻고자 원하면, 우리는 적극적으로 탐색하고 비교하며, 통합하며 일반화하는 일에 몰두하여야 한다. 포퍼는 이 이론을 '능동적' 인식론이라 부른다.

지식사회학 혹은 사회학주의는 분명히 헤겔의 역사개성주의와 밀접히 연관되었거나 그와 거의 동일하다. 그러나 그들 사이의 차이점은 지식사회학은 마르크스의 영향을 받아, 헤겔이 주장한 바와 같이, 역사적 발전이 하나의 획일적인 '민족정신'을 산출한다고 보지 않고, 하나의 민족 내부에서도 여러 가지의 서로 상반되는 이데올로기 총체들이 사회계층에 따라 달리 나타난다고 본다.

포퍼는 지식사회학을 그 자체가 사회분석의 대상이라는 점에서 자기 파괴적이라고 규정한다. 그뿐 아니라, 그것은 자기의 주된 과제인 지식 혹은 과학적 방법의 사회적 양상을 제대로 이해하는 데 크게 실패하고 있음을 보여준다고 본다. 그것은 과학이나 지식을 과학자 개인의 '의식'이나 마음속에서 일어나는 과정이나 혹은 그런 과정의 산물로서 파악한다. 이런 식으로 우리가 문제를 파악하려 할 때 우리가 과학적 객관성이라고 부르는 것은 완전히 불가사의한 것이 되거나 불가능한 것이 되고 만다. 그것은 비단 계급적 이해와 그와 비슷한 숨은 동기가 큰 몫을 차지하는 사회학이나 정치학뿐만이 아니라 자연과학에 있어서도 마찬가지 사정이다.

자연과학적 방법의 두 가지 양상은 이 대목에서 매우 중요하다. 그 두 양상은 '과학적 방법의 공적 성격'이라고 말할 수 있는 것을 구성한다. 첫째로 자유로운 비판에 가까운 것이 과학적 방법에는 있다. 한 사람의 과학자는 자기의 이론은 전혀 논박의 여지가 없다고 확신하며 자기이론을 내놓는다. 그러나 이것은 그의 동료과학자들이나 경쟁자들을 크게 감동시키지 못하고, 오히려 그들의 반론을 불러일으킬 수 있다. 과학자들은 과학적 태도가 무엇이든 비판하는 태도라는 것을 알며, 그들은 권위에 의해서도 저지되지 않는다. 둘째로, 과학자들은 조리에 맞지 않는 말을 하지 않으려고 노력한다.

그럼에도 불구하고 부분적이거나 편협한 판단을 내리는 사람이 언제나 있을 수 있다. 이것은 어쩔 수 없는 일이다. 그러나 그것은 과학적 객관성과 비판을 지원해 주기 위해 마련된 여러 가지 사회적 제도, 예를 들면, 실험실, 과학적 전문잡지, 학회 등의 기능을 심각하게 교란시키지는 않는다. 과학적 방법의 이러한 국면이 보여주는 것은 공적 통제를 가능하도록 하기 위해 마련된 제도들과 여론의 공개적 표현에 의해서 무엇이 성취될 수 있는가 하는 점이다.

포퍼는 이러한 고찰을 과학적 방법의 문제에 적용하기 위해 다음과 같은 가정을 제안한다. 로빈슨 크루소가 자기의 섬 위에 물리실험실과 화학실험실 그리고 천문관측소 등을 건립하고 관찰과 실험을 토대로 하여 수많은 논문을 썼다고 하자. 그리고 그는 무제한한 시간을 마음대로 사용하여 오늘의 과학자들이 받아들일 수 있는 결과와 일치하는 과학적 체계를 세워 놓았다고 하자. 이러한 크루소의 과학의 성격을 살펴보고 어떤 사람은 그것은 '계시 과학'이 아니고 진짜 과학이라고 생각할는지 모른다. 그것은 천리안을 지닌 사람에게 계시되었던 과학책보다는 과학과 더 유사성을 가지고 있다는 것은 의심의 여지가 없다. 왜냐하면 로빈슨 크루소는 과학적 방법을 많이 사용했기 때문이다. 그럼에도 불구하고 이 크루소의 과학은 아직도 계시 과학의 수준에 머물러 있으며 아직도 과학적 방법의 요소 가운데 빠진 부분이 있다고 할 수 있다. 따라서 크루소가 그 결과를 얻은 것은 천리안의 경우와 거의 마찬가지로 우연적이며 기적적으로 보인다. 왜냐하면 그의 결과를 확인할 사람은 그 자신밖에 없기 때문이다.

포퍼는 이러한 고찰을 요약하며 '과학적 객관성'이라고 하는 것은 과학자 개인의 무사 공정성의 산물이 아니라, 과학적 방법의 사회적인, 즉 공적인 성격의 산물이라는 점이란 것을 강조한다.

과학자 개인의 무사 공정성은, 그것이 존재한다고 하더라도, 과학적 객관성의 원천이 아니라, 결과이다. 과학적 객관성은 사회적으로 즉 제도적으로 보장되는 객관성이다(II.307).

이제 사회과학이 가야 할 길은 재치 있는 말장난을 내던

지고, 모든 과학에 근본적으로 공통된 이론적 방법의 지원을 받아 우리 시대가 당면한 실천적 문제들을 붙들고 늘어지는 길이다. 포퍼가 말하는 방법은 시행착오의 방법이며, 가설을 만들어 그것을 실제적 실험에 회부해 보는 방법이다. 우리에게 필요한 것은 그 결과를 점진적 사회공학에 의해 확증할 수 있는 사회기술학이다. 여기서 제안하는 사회과학의 치료법은 지식사회학이 제안하는 그것과 정반대이다. 지식사회학에 의하면, 사회과학의 방법론적 난문이 제기되는 까닭은 사회과학의 문제들이 비실제적인 것이기 때문이 아니라, 실제적이며 이론적인 문제들이 사회·정치적 문제들과 너무나 서로 얽혀 있기 때문이라는 것이다. 우리는 지식사회학의 선구적 저술에서 다음과 같은 글을 읽을 수 있다.

"정치학적 지식의 특이성은 '정확한' 지식과는 달리, 지식과 의지, 혹은 이성적 요소와 비이성적 요소가 서로 분리될 수 없도록 본질적으로 서로 얽혀 있다는 점에 있다." 이런 주장에 대해 포퍼는 이렇게 답변한다. '지식'과 '의지'는 어떤 의미에서 언제나 분리될 수 없긴 하나, 이것이 반드시 위험스러운 혼란을 낳는 것은 아니다. 어떤 과학자도 노력을 하지 않고, 관심을 두지 않고서는 지식을 획득할 수 없다. 과학자의 노력 속에는 어느 정도의 사리私利가 포함되어 있다. 공학도는 실제적 관점에서 연구를 진행한다. 농부도 마찬가지다. 실천이나 실제는 이론적 지식의 원수가 아니라 이론에 대한 가장 값진 촉진제이다. 어느 정도의 초연함이 과학자에게 어울리는 것이기는 하지만, 그렇게 구체적 이해에 무관심하다는 것이 반드시 과학자에게 중요한 것이 아님을 보여주는 예는 허다하다.

제14장 예언 철학과 이성에 대한 반역

마르크스는 합리주의자였다. 소크라테스와 칸트와 함께 그는 인간 이성이 인류의 통일성의 기초라고 믿었다. 그러나 우리의 생각이 계급적 이해에 의하여 결정된다는 그의 교설은 이러한 믿음의 쇠잔을 촉진시켰다. 우리의 생각이 국가적 이익과 전통에 의해 결정된다는 헤겔의 교설과 마찬가지로 마르크스의 교설은 이성에 대한 합리주의적 믿음을 무너뜨리는 경향이 있다.

'이성'이란 용어와 '합리주의'란 용어는 모호하기 때문에 그 용어들의 용법에 대해 개괄적인 설명을 하는 것이 필요하다. 첫째로 그 말들은 넓은 의미로 사용된다. 그것들은 지적 활동뿐 아니라 관찰과 실험을 포함하는 용어로 사용된다. 이 점을 명심해 두는 것이 필요하다. 왜냐하면 일반적으로 '이성'과 '합리주의'라는 말은 '비합리주의'에 대한 반대말로서가 아니라, '경험론'에 대한 반대말로, 좁은 의미로 쓰이기도 하기 때문이다. 이런 좁은 의미로 사용될 경우에는 합리주의는 관찰과 실험보다 사고력을 높이 추켜올리는 경우가 되겠는데, 그것은 '사변주의'라고 부르는 것이 좋을는지 모르겠다. 그러나 이러한 일반적인 용어 사용과는 달리 포퍼가 여기서 '합리주의'라고 말하는 것은 '경험론'과 '사변주의'를 모두 포함하는 뜻이다. 과학이 실험과 사고력을 모두 사용하는 것과 같은 뜻이다. 둘째로 그가 '합리주의'라는 말을 사용할 때는, 문제를 해결하는 데 감정이나 정열에 호소하기보다는 명석한 사고와 경험, 즉 이성에 호소하는 태도를 가리킨다.

좀 더 정확히 말하려면, 합리주의를 실천적인 태도나 행위로서 설명하는 것이 더 좋을 것이다. 그런 식으로 말하자면 합리주의는 비판적 논증에 귀를 기울이며, 경험으로부터 배울 용의가 되어 있는 태도라고 말할 수 있다. 그것은 근본적으로 이렇게 용인하는 태도를 말한다.

> 내가 잘못되었을 수 있다. 그리고 당신이 옳을 수 있다. 그리고 우리가 노력하면 우리는 진리에 더 가까이 갈 수 있을 것이다(II.315).

합리주의는 논증, 관찰과 같은 수단으로 사람들이 중요한 문제들에 대해 일종의 일치에 도달하려는 태도이다. 그리고 그것은 사람들의 요구들과 이해들이 서로 충돌할 때는 여러 가지 요구들과 제안들에 관해 논의함으로써 모든 사람은 아니더라도 대부분의 사람들에게 공정하기 때문에 용납될 수 있는 어떤 타협에 도달할 수 있으리라는 희망을 쉽사리 포기하지 않는 태도이다.

포퍼가 말하는 합리주의가 무엇인가는 참된 합리주의와 거짓 합리주의 혹은 유사 합리주의를 구별함으로써 더 분명해진다. 그가 참된 합리주의라고 부르는 것은 소크라테스의 합리주의를 말한다. 그것은 자신의 한계에 대한 인식이다. 인간이 얼마나 오류를 잘 범하는 존재인가? 그리고 이렇게 오류를 범하는 존재라는 것을 아는 데에서도 우리가 얼마나 타인의 힘을 빌리고 있는가를 깨닫는 사람들의 지적 겸손이 바로 참된 합리주의다. 그리고 참된 합리주의는 우리가 이성에 너무 많은 것을 기대해서는 안 된다는 것을 안다. 그리고 참된 합리주의는, 논증은 전보다 더 명석하기 위한 학습의 유일한 수단이기는 하지만 그것이 문제를 좀처럼 해결해 주지 못한다는 것도 안다.

그가 거짓 합리주의라고 하는 것은 그가 비판하는 플라톤의 지적 직관주의다.

그것은 자신의 우월한 지적 자질에 대한 뻔뻔스러운 확신이며, 확실성과 권위를 가지고 무엇을 안다고 주장하는 자만이다. 플라톤에 의하면 —우리가 『티마이오스』편에서 읽을 수 있는 바와 같이— 의견은 모든 사람이 가질 수 있으나, 이성(혹은 지적 직관)은 오지 신들과 극소수의 사람만이 가지고 있는 것이다. 이러한 권위주의적 주지주의는 오류를 범하지 않는 발견의 방법과 도구를 가지고 있다고 확신한다. 그러나 그것은 인간이 인식하는 모든 것은 타인에게 크게 의존하고 있다는 것을 제대로 인식하지 못한다. 이러한 거짓 합리주의를 흔히 합리주의라는 이름으로 부르고 있는데 그것은 내가 합리주의라고 부르는 것과는 전혀 다르다(II.318).

비합리주의적 태도는 아래와 같이 설명될 수 있을 것이다. 비합리주의는 이성과 과학적 논증은 사물의 표면을 건드리거나 어떤 비합리적 목적을 달성하는 데는 적합한 수단일 수 있다는 것을 인정하지만, '인간성'은 근본적으로 비합리적이라고 고집하는 태도이다. 인간은 합리적 동물 이상이며 또한 그 이하라고 비합리주의자는 주장한다. 17세기와 18세기, 그리고 19세기에 걸쳐 합리주의와 주지주의, 그리고 유물론의 조류가 밀려오고 있었을 때, 비합리주의자들은 그것들에 주목하지 않을 수 없었으며 그것들에 대한 반론을 펴지 않을 수 없었다.

무비판적인 혹은 전면적인 합리주의는 다음과 같은 말로

표현될 수 있다. '나는 논증이나 경험으로 방어할 수 없는 것은 하나도 받아들이지 않는다.' 우리는 이런 태도를 이런 원칙으로 바꾸어 표현할 수 있다. 경험이나 논증으로 지지할 수 없는 가정은 모두 내버려야 한다. 합리적 논증은 합리적 태도를 채택하기를 원하지 않는 사람에게는 아무런 합리적 효과를 미칠 수 없다. 그러므로 우리는 전면적 합리주의를 지지할 수 없다.

이와는 다르게 비판적 합리주의는 근본적으로 합리주의적인 태도는 이성에 대한 믿음으로부터 연유한다는 사실을 인식한다. 따라서 우리의 선택의 가능성은 열려 있다. 우리는 어떤 형태의 비합리주의를 선택할 수도 있으며 극단적이고 전면적인 비합리주의도 선택할 수 있다. 그리고 우리는 또한 비판적 합리주의를 선택할 자유도 있다. 비판적 합리주의는 솔직하게 그 원천을 비합리적인 결정에 두고 있음을 인정한다.

무비판적인 합리주의에 대한 분석에서 우리가 이미 본 바와 같이, 근본적인 도덕적 선택은 논증에 의해 결정되지 않는다. 그러나 이것은 우리가 도덕적 선택을 할 때 어떤 종류의 논증도 도움을 줄 수 없다는 뜻은 아니다. 그와 반대로, 좀 추상적인 도덕적 결정에 부딪혔을 때, 우리의 가능한 선택들로부터 나타날 귀결들을 조심스럽게 분석하는 것은 매우 유익하다. 우리가 이런 귀결들을 구체적이고 실제적으로 마음속에서 그려볼 수 있다면, 우리가 결정을 내린 것이 어떤 것인가를 참으로 잘 알 수 있을 것이기 때문이다. 그렇지 못하다면, 우리는 맹목적인 결정을 내리게 된다.

도덕이론의 결과에 대한 합리적이며 상상력 있는 분석은 과학적 방법과 어떤 유사성을 가지고 있다. 과학에 있어서도 어떤 이론 그 자체가 설득력 있다고 해서 추상적인 이론을 그냥 받아들이지는 않는다. 실험에 의해서 그 이론이 지닌 여러 가지 귀결들을 검토하고 난 후 받아들이든가 물리치든가 한다. 그러나 근본적인 차이가 있다. 과학이론의 경우에는 우리의 결정은 실험의 결과에 의존한다. 그 결과가 이론을 확증해 주면, 더 좋은 이론이 나올 때까지는 그것을 용납한다. 그 결과가 이론과 어긋났을 때, 우리는 이론을 내버린다. 그러나 도덕이론에서는, 우리는 그 이론의 귀결들을 우리의 양심과 겨루어본다. 실험에 대한 심판은 우리들 자신에게 달려 있지 않으나, 양심에 대한 판결은 우리 자신에게 달렸다.

먼저 비합리주의의 귀결점들부터 검토해 보자. 비합리주의자는 이성이 아니라 감정과 정열이 인간행동의 원천이라고 주장한다. 합리주의자는 그 주장에 대해 이렇게 응답한다. 설사 그것이 사실이라 하더라도 우리는 그것을 교정하기 위해서 우리가 할 수 있는 최선을 다해서 가능한 한 이성의 역할을 확대하도록 노력해야 한다. 이러한 응답에 대해 비합리주의자는 이렇게 응수할 것이다. 그런 태도는 가망 없는 비현실적인 태도이다. 합리주의적 태도는 인간성이 얼마나 연약한가, 그리고 대부분의 사람이 미약한 지적 자질을 가지고 있어서 감정과 정열에 크게 의존하고 있다는 사실을 고려하지 않고 있기 때문이다. 감정과 정서를 이렇게 비합리적으로 강조하는 태도는 궁극적으로는 범죄라고밖에 표현할 수 없는 상태에 도달할 것이라고 포퍼는 확언한다.

유토피아적 방법에 반대되는 점진적 방법에 대한 정치적 요구와, 고통을 제거하려는 투쟁은 마땅히 (도덕적) 의무이지만, 타인의 행복을 보살펴 줄 권리는 그들의 가까운 친구에게 한정된 하나의 특권이라는 (도덕적) 결정과 일치한다(II.328).

사랑과 연민의 감정도 가끔 비슷한 일을 해낼 수 있다는 것을 인정한다. 그러나 내가 주장하는 것은, 우리가 다수의 사람을 사랑하거나 그와 고통을 같이한다는 것은 인간적으로 불가능하며, 그렇게 하는 것이 바람직하지도 않다는 것이다(II.331).

비합리주의도 이성을 사용할 수는 있으나 꼭 그래야 하는 의무감은 없다. 그러므로 그것은 마음이 내키는 데 따라 이성을 사용할 수도 내버릴 수도 있다. 그러나 포퍼는 타인과 우리 자신을 합리적으로 대우할 의무가 있다고 인정하는 태도를 도덕적으로 옳다고 믿는다. 꿈속으로 도피하는 신비주의의 지적 무책임성과, 요설로 도피하는 신탁 철학의 지적 무책임성과는 달리, 현대과학은 실제적인 시험의 규율을 우리의 지성에게 요구한다. 과학적 이론은 그의 실제적 결과들에 의해서 시험될 수 있다. 과학자는 자기 분야에서 그가 말한 것에 대해 책임을 진다.

요약하면 신비주의는 비합리적인 것을 합리화하려고 하며, 동시에 엉뚱한 곳에서 신비를 찾는다. 신비주의는 개인이 그 자체로 목적이라는 것을 깨닫는 사람이면 누구나 직면하지 않을 수 없는 어렵고 실제적인 과제들을 직시하려 하지 않는다.

결 론

제15장 역사는 어떤 의미를 가지고 있는가?

과학에서의 관점은 보통 과학적 이론에 의해 결정된다. 즉 우리는 무한하게 다양한 사실들을 수집하며, 무한하게 다양한 사실들의 양상들을 수집하는데, 어떤 사실 혹은 어떤 양상에 관심이 있느냐 하는 것은 미리 생각하고 있는 과학이론이 어떤 것이냐에 달려 있다. 또한 과학적 서술은 대체로 우리의 관점, 우리의 관심에 의존한다. 그런데 이 관점과 관심은 일반적으로 우리가 시험하고자 하는 가설이나 이론과 밀접히 연결되어 있다. 그리고 그것은 또한 서술되는 사실에도 의존한다. 이론이나 가설은 관점의 결정이라고 표현할 수 있다. 왜냐하면 우리가 우리의 관점을 짜임새 있게 표현하면, 바로 이것이 일반적으로 우리가 가끔 작업가설이라고 부르는 것이 되기 때문이다. 우리의 관점이 다르다면 우리는 이런 서술이 아니라 다른 서술을 내놓게 될 것이라는 의미에서 그것은 상대적이다. 이런 상대적 성격은 또한 서술의 진리에 대한 우리의 믿음에 영향을 미친다. 그러나 그것은 서술의 진위에는 영향을 주지 않는다. 이런 의미에서 진리는 상대적이 아니다.

이 모든 것은 쇼펜하우어가 표현했듯이, '무한한 주제'를 가진 역사적 서술의 경우에는 가장 현저하게 나타난다. 특수한 사건과 그 설명에 관심을 가진 과학을 일반화의 과학과 구별하여 역사과학이라고 부를 수 있다. 그러므로 과학에 못지않게 역사에서 우리는 관점을 회피할 수 없다.

지금까지 말한 것은 역사의 위치는 예를 들어 물리학과

같은 자연과학의 위치와 비슷하다는 것이다. 그러나 우리가 역사에서 관점이 수행하는 역할과 물리학에서 관점이 수행하는 역할을 비교해 보면, 큰 차이가 있음을 발견한다. 물리학에서, 관점은 일반적으로 새로운 사실들을 탐색해 냄으로써 시험될 수 있는 물리이론에 의해서 제시된다. 그러나 역사에 있어서는 사태가 그렇게 단순하지 않다.

'어떤 사건에 대한 인과적 설명을 제시하는 것은, 우리가 초기조건이라고 부르는 단칭문장과 보편적 법칙을 전제로 사용하여, 그 사건을 서술하는 진술을 연역적으로 도출해 냄을 뜻한다.' 그런데 소위 이론과학 즉 일반화하는 과학의 경우에 우리가 주로 관심을 갖는 것은 보편법칙이나 가설이다. 우리는 그런 보편법칙이나 가설이 참인지를 알고자 한다. 이때 우리가 그것들의 진리성 여부를 직접 확인할 수 없기 때문에 틀린 것들을 제거하는 방법을 채용한다. 일반화는 구체적 사건에 대한 관심과는 엄격히 구별되는 다른 차원의 관심에 속한다. 구체적 사건에 대한 설명은 역사학의 업무이다.

과학의 이론이나 보편적 법칙은 통합과 '관점'을 도입한다. 그것은 모든 과학에 대하여 그 문제들과 관심의 중심점을 창출해 주며 동시에 연구의 중심점, 논리적 구성과 표현의 핵심을 제공해준다. 그러나 역사에서 우리는 그러한 통일적인 이론을 가지고 있지 않다. 혹은 우리가 여기서 사용하는 많은 사소한 보편법칙은 당연시될 뿐 아니라 주제에 어떤 질서를 전혀 부여하지 못한다. 여기서 우리가 알아야할 중요한 것은 많은 '역사이론'은 그 성격에 있어서 과학적 이론과 엄청나게 다르다는 것이다. 그 까닭은 역사에서 우리의 손에 닿는 사실들은 흔히 매우 제한되어 있으며 우리 마음대로 반복하거나 공급할 수 없다는 것이다. 그리고 그 사실들은 미리 상정된 관점에 맞추어 수집되었다. 그와 같은 시험할 수 없는 이론들은, 과학적 이론에 대해 부당하게 비난을 퍼부었던 그 의미에서 순환 논증적이라는 비난을 받아 마땅하다. 포퍼는 과학적 이론과 구별되는 그러한 역사적 이론들을 '일반적 해석'이라고 부른다.

그러나 이것은 물론 모든 해석이 동등한 장점을 가지고 있다는 것을 의미하지는 않는다. 첫째로, 인정된 사료들과 일치하지 않는 해석들이 언제나 있다. 둘째로, 사료에 의해서 반증되는 것을 피하기 위해서 어느 정도 그럴듯한 몇 개의 보조가설이 필요한 해석들이 있다. 그다음으로, 다른 해석과 연결되는, 사실들과는 연결되지 않지만, 그 범위 안에서 무엇인가 '설명'은 해주는 해석들이 있다. 따라서 역사해석의 분야에 있어서도 상당한 정도의 진보가 있을 수 있다(II.366).

포퍼는 해석들이 서로 동시에 공존할 수 없는 것으로 보일 수도 있지만 우리가 해석들을 관점의 결정이라고 생각하면 반드시 그렇지만은 않다고 말한다. 예를 들면 인간은 부단히 진보한다는 해석은 인간은 부단히 퇴보한다는 해석과 양립 불가능하다. 그러나 인간의 역사를 진보의 역사로 보는 사람의 '관점'은 그것을 퇴보의 역사로 보는 사람의 관점과 반드시 양립 불가능한 것은 아니다.

또한 그는 '실제로 일어났던 것과 똑같은 과거'의 역사란 없다고 주장한다. 오직 역사적 해석이 있을 뿐이며, 어느 해석도 최종적일 수 없다. 모든 세대는 자기 자신의 해석을 펼 권리를 가지고 있다. 그것은 그럴 권리를 가지고 있을 뿐 아니라, 또한 그럴 의무마저 가지고 있다. 왜냐하면 해석해야 할 절박한 요구가 있기 때문이다.

그러나 역사법칙주의자가 역사를 자기 식대로 해석할 권리를 부정하는 것은 정당한 일인가? 그는 누구나 그러한 권리를 가지고 있다고 이미 선언하지 않았던가? 이런 질문에 대한 포퍼의 대답은 역사법칙주의적 해석은 기이한 종류라는 것이다. 필요하고 정당화되는 해석, 우리가 어느 것이든 하나 채택하지 않을 수 없는 해석은 탐조등에 비유될 수 있다. 우리는 우리의 과거를 그것이 비추도록 한다. 그리고 우리는 그 반사에 의해 현재도 조명되기를 희망한다. 이것과는 달리 역사법칙주의적 해석은 우리 자신을 비추도록 해 놓은 탐조등에 비유될 수 있다는 것이다.

역사법칙주의의 주장과는 다르게 인류의 역사란 없다. 오직 있는 것은 인간의 삶의 모든 양상에 관한 무수한 역사들이 있을 뿐이다. 그 가운데 하나가 정치권력의 역사이다. 그런 것이 인류의 역사로 격상되었다. 인류의 구체적 역사라는 의미에서의 보편적 역사와 같은 것은 정말 없는 것인가? 도저히 있을 수 없다. 포퍼는 이것이 모든 인도주의자의 답변이며 특히 모든 기독교인의 답변일 수밖에 없다고 확신한다. 우리는 헤겔에 대한 키르케고르의 비판 속에서 이런 견해의 강력한 지원자를 발견할 수 있는데, 특히 역사법칙주의와 기독교가 양립될 수 없다는 견해에 대한 강력한 지원자를 거기서 발견할 수 있다.

포퍼는 역사는 의미를 가지고 있지 않다고 주장한다. 그러나 그의 이런 주장은 우리가 기껏 할 수 있는 것은 정치권력의 역사를 얼빠진 모양으로 처다보고만 있거나 그것을 하나의 잔인한 농담으로 보아 넘겨야 한다는 뜻은 아니다.

우리는 우리 시대에 해결하려고 선택하는 문제들을 눈여겨 보며 역사를 해석할 수 있다. 우리는 열린사회를 위하여, 이성의 지배를 위하여, 정의와 자유와 평등을 위하여, 그리고 국제적 범죄의 통제를 위하여 우리가 벌이는 투쟁의 관점에서 권력정치의 역사를 해석할 수 있다. 역사가 그 자체로 목적을 가지고 있지는 않지만, 우리는 이러한 목적들을 역사에 부여할 수 있다. 그리고 역사가 자체로 의미를 가지고 있지는 않지만, 우리가 역사에 의미를 부여할 수 있다(II.379).

포퍼는 사실과 결정의 이러한 이원론은 근본적인 것이라고 믿는다. 사실 자체는 아무 의미도 가지고 있지 않다. 사실은 우리의 결정을 통해서만 의미를 가질 수 있다. 역사법칙주의는 이러한 이원론을 무너뜨리려는 많은 시도 가운데 하나일 뿐이다.

역사법칙주의는 합리성에 대한 절망과 행위의 책임에 대한 두려움에서 탄생한다. 그것은 천박한 희망이며 천박한 신앙이다. 그것은 도덕에 대한 강한 예찬과 성공에 대한 경멸로부터 솟아나오는 희망과 신앙을 사이비 과학으로부터 나오는 확실성으로 바꾸려는 시도이다.

[세창명저산책]